노동학총서 7

ILO 강제노동금지 기본협약

해외사례 분석과 이행방안 모색

고려대학교 노동문제연구소
이종선 · 안종기 · 윤효원

백산서당

발 간 사

2021년 2월 26일 국회 본회의는 국제노동기구(ILO)의 '결사의 자유'와 관련된 기본협약인 제87호 협약, 제98호 협약과 '강제노동'에 관한 핵심협약인 제29호 협약에 대한 비준 동의안을 의결하였습니다. 같은 해 4월 20일, 3개의 협약에 대한 비준서를 ILO 사무국에 공식적으로 기탁함으로써 협약에 따라 올해 2022년 4월 20일부터 3개의 협약은 국내법과 같은 효력을 갖게 되었습니다.

그러나 국제노동기구의 기본협약들은 그 내용이 추상적인 탓에 실질적으로 효과를 갖기 위해서는 다양한 정책적 뒷받침이 필요합니다. 또한 협약과 국내법 간의 충돌을 막기 위해 법제도를 정비하는 과정도 필요한 상황입니다.

5가지 예외사항을 제외한 어떠한 형태의 '강제노동'도 인정하지 않는 제29호 협약이 대한민국에서 성공적으로 자리잡기 위해서는 제29호 협약을 채택하고 있는 해외의 사례를 분석하고 이를 바탕으로 한국이 가지는 특수성을 고려하여 실현 가능한 형태로 수용하는 방식이 필요합니다. 특히 대한민국은 제29호 협약과 상충될 수 있는 법령이 시행 중이기에 법률적 정비가 필수적인 과제로 남아있기 때문입니다.

또한 제29호 협약 외에 아직 비준되지 않은 '강제노동 철폐'와 관련된 제105호 협약도 중요한 과제로 남아있습니다. 제29호 협약을 보완하는 성격인 제105호 협약은 정치적 견해나 사상적 반대, 그리고 ISO26000에 대한 처벌로써의 징역형 부과 금지를 요구하는 협약입니다. 한국이 이를 수용하기 위해서는 '국가보안법', '국가공무원법', '집회 및 시위에 관한 법률' 등 현행법의 개정논의가 진행되어야 합니다. 관련 법령들을 개정하는 것은 단순한 조항변경의 문제가 아니라 이념의 문제, 남북관계의 문제, 국민정서와 공감대 형성의 문제이기 때문에 전 사회적인 합의가 쉽지 않은 과제일 것입니다.

따라서 새롭게 비준된 ILO 협약이 한국에 성공적으로 자리잡기 위해서는 충분한 사회적 대화와 국내의 특수성을 고려한 정책적 뒷받침 및 제도의 재정비가 필요합니다. 아무쪼록 본서의 연구가 제시하는 현행법 개정 방안과 정책적 대응 방안이 향후 우리나라가 노동선진국으로 나아가는 데 있어 하나의 밑거름이 되기를 기대하는 바입니다.

고려대학교 노동문제연구소장

박지순

차 례

표 차 례

제1장

연구배경 및 연구목적

제 1 절

연구 배경

우리나라는 1991년 국제노동기구(ILO)의 회원국으로 가입한 이후 약 30년에 가까운 시간 동안 정이사 국가에 피선되는 등 ILO 내에서 입지를 줄곧 강화하여 왔다.[1)] 그러나 우리나라가 ILO에 경제적·상징적으로 관여하는 중요성에 비례하여 국제사회의 노동에 대한 기준과 가치를 준수하고 확산하는 데 선도적인 역할을 수행하고 있는지에 대해서는 비판이 제기되어 왔다. ILO가 가장 기본적인 준수사항으로 제시한 핵심협약의 비준 현황, 특히 그동안 대부분의 회원국이 이미 비준을 완료한 '결사의 자유'와 '강제노동' 관련 협약의 비준이 이뤄지지 않았던 것은 한국의 국제적 위상에 비추어 볼 때 걸맞지 않다고 할 수 있다. 2021년 2월 26일, 국회 본회의에서 '결

---

1) 1919년 설립된 국제노동기구(ILO, International Labour Organization)는 국제노동기준 수립 및 이행 감독 등을 수행하는 국제연합(UN) 산하의 노동분야 전문 국제기구이다. 한국은 1991년 ILO 회원국으로 가입 후, 1996년부터 25년 이상 계속 이사국으로서의 역할을 수행하고 있다.

사의 자유' 관련 2개 핵심협약과 '강제노동' 관련 1개 핵심협약 등 3개의 ILO 핵심협약 비준동의안이 의결된 것은 그나마 진전된 결과라 할 수 있다.[2] 특히 지난해(2021년) 비준 후 올해(2022년) 효력 발효를 앞두고 있는 「제29호 강제 또는 의무노동에 관한 협약」은 비자발적으로 제공한 모든 형태의 강제노동을 금지하는 내용을 담고 있다.[3]

그간 미뤄져왔던 ILO 핵심협약 비준은 특히 대외적 측면에서 큰 의미를 가진다. 왜냐하면 국제사회와의 약속을 이행함으로써 국가 신인도가 높아질 것이며 한-EU FTA 등 자유무역협정(FTA) 상의 분쟁 소지도 줄어들 것이기 때문이다.

특히 이 연구에서 중점적으로 다루고 있는 '강제노동' 관련 협약의 비준 현황을 살펴보면 그간 미진했던 핵심협약 비준이 왜 시급한 과제였는지 명확하게 드러난다. 2개 강제노동 관련협

---

2) 뒤에서 상술하겠지만 핵심협약(Fundamental Conventions)은 ILO가 지금까지 채택한 190개 협약 중 가장 기본적인 노동권과 관련된 8개 협약을 가리킨다. 한국 정부는 이후 ILO에 위의 3개 협약 비준서를 기탁할 것이며, 기탁일로부터 1년 후 협약의 효력이 발효된다.

3) 단결권 관련 2개 핵심협약도 함께 비준되었는데, 제87호 「결사의 자유 및 단결권 보호에 관한 협약」은 노사의 자발적인 단체 설립 및 가입, 자유로운 대표자 선출 등 '결사의 자유'에 관한 기본 원칙을 규정하고 있으며 제98호 「단결권 및 단체교섭권 원칙의 적용에 관한 협약」은 노동자의 단결권 행사에 대한 보호와 자율적 단체 교섭 장려를 위한 조치 등을 보장하는 내용을 담고 있다.

약 중에서 2022년 4월 현재 제29호 협약은 179개국, 제105호 협약은 176개국이 비준을 완료한 상태로서 거의 모든 회원국이 비준한 협약이다. 강제노동 관련협약 중 제29호를 비준하지 않은 국가는 8개국, 제105호를 비준하지 않은 국가는 11개국이다. 두 협약 모두 비준하지 않은 국가는 브루나이, 중국, 마셜군도, 팔라우, 통가, 투발루 등 6개국에 불과하다. OECD 국가 중에서 두 가지 협약을 모두 비준하지 않은 유일한 국가가 한국이었다.

이처럼 가장 기본적인 핵심협의 비준 정도가 다른 국가들에 비해 현격히 미진했던 상황에서 국제사회의 책임 있는 일원으로서 뿐만 아니라 경제규모나 민주주의 정치시스템의 성숙도 등을 모두 고려하더라도 ILO의 강제노동 관련협약의 조속하고 합리적인 비준은 시대적 과제였다고 할 것이다.

그러나 비준절차가 완결되었다고 해서 모든 문제가 해결된 것은 아니다. 오히려 앞으로 우리나라가 풀어야 하는 쉽지 않은 문제들이 존재한다. 강제노동 관련 핵심협약의 비준 후에 국내의 법적, 제도적 규정이 협약의 내용이나 ILO의 기준과 상충되는지를 면밀하게 검토하여 핵심협약에 맞도록 법제도를 정비할 필요가 있다. '결사의 자유' 관련 협약의 경우는 그간 적지 않은 논의가 이루어져 합의와 갈등의 지점들이 관측되는 반면 '강제노동' 관련 협약에 대해서는 한국의 법제도에 대한 충분한 논의나 준비가 이루어지지 못한 실정이다.

이 연구는 우리나라가 ILO의 강제노동 관련 협약 제29호를 비준함에 따라 이를 적절하게 실현하기 위한 법제도의 정비방안을 합리적으로 모색해야 한다는 판단과 함께 이번에는 비준이 이루어지지 않은 제105호 협약에 대해서도 신속하고 타당하게 비준해야 할 중요한 시점에 와 있다는 인식에서 출발한다. 이 연구는 ILO의 요구와 기대, 한국의 국제사회 위상 등을 두루 고려할 때 비준된 협약에 따른 법제도 정비와 비준되지 않은 협약의 조속한 비준이 더 이상 미루기 힘든 시대적 과제라는 인식 하에 관련 협약의 비준을 성공적으로 이행하기 위해 한국에 요구되는 노력과 방안을 모색하고, 구체적인 경로를 밝히고자 하는 배경에서 출발한다.

이 연구에서 다루고 있는 제29호와 제105호 협약의 명칭은 다양하게 불리기도 하나 본 연구에서는 ILO 원문을 최대한 가깝게 해석하여 다음과 같이 통일하여 명명하고자 한다.

- 제29호 협약: 강제노동 협약
- 제105호 협약: 강제노동 철폐 협약
- 제29호, 105호 두가지 협약을 아우르는 경우: 강제노동 관련 협약

우리는 이 연구에서 이들 협약을 핵심협약이 아니라 기본협약으로 부를 것을 제안하다. 이들 협약만 비준하면 핵심적인 문제가 해결되었으니 충분한 것이 아니라 다른 협약들에 대한 조치 이전에 우선 먼저 반드시 밟아야 하는 근본적이고 기본적인 절차로 이해하는 것이 타당하기 때문이다. 이런 면에서 본서는 8개 기본협약(Fundamental Conventions)을 핵심이 아닌 근본이요, 출발이라는 의미에서 기본협약으로 부를 것을 제안하며 이후에도 기본협약으로 명명하고자 한다.

제 2 절

연구 목적

강제노동 금지와 같은 중요한 노동의 문제를 사회정치적으로 원만하고 바람직하게 해결하고 이를 발판으로 노동의 건강한 성장과 의미 있는 역할을 담당하는 존재로서의 위상을 제고해야 한다는 데 이견은 없을 것이다. 이를 위해서는 ILO가 강조하는 가장 근본적인 핵심협약들에 대한 전 사회적인 인식 제고와 수용이 시급한 과제라 할 것이다. 한국이 국제사회의 책임 있는 일원으로서 ILO의 핵심협약에 대한 비준과 이행에 대한 관심과 기대를 받고 있다면 비준절차 및 이에 따른 협약 이행 시 발생 가능한 문제점을 파악하고 대응전략을 마련하는 것이 필수적이다.

이에 따라 본 연구의 구체적인 목적을 크게 다음과 같이 설정할 수 있다: "한국에서 ILO의 강제노동 관련 협약 제29호와 제105호의 성공적인 비준과 무난한 이행을 위해 요구되는 실행과제를 도출하고 대응방안을 모색한다."

이와 같은 연구목적을 달성하기 위해 구체적으로는 두 가지 세부 질문을 고려할 수 있다. 첫째 '강제노동' 관련 ILO 기본협약의 비준과 이행 및 전반적인 사회적 수용과 관련하여 해외국가들의 상황은 어떠한가? 둘째 해외사례의 교훈을 바탕으로 구체적으로 한국에서의 성공적인 비준과 이행을 위한 대응방안은 어떠해야 하는가? 이 같은 목적을 고려하여 이 연구는 주요 국가들 중심으로 해외사례를 검토하여 경험적 증거를 축적하고 그에 기반하여 한국의 상황에 맞는 바람직한 진행과정과 정책적 과제를 도출하는 데 초점을 맞춘다.

이 같은 목적을 위해 본 연구는 기존의 국내외 연구 성과물과 ILO 보고서 등을 활용한 문헌조사를 중심으로 이루어졌으며 전문가의 다양한 견해와 더불어 연구의 깊이를 더하는 동시에 한국의 대응방안에 대한 규범적, 현실적 타당성을 확보하기 위해 학계 및 현장의 목소리도 함께 반영하였다.

제2장

강제노동협약 검토

제1절 ILO 협약 개요

제2절 ILO 협약 절차 및 감시체계

제3절 강제노동 관련 협약
(제29호, 제105호)

제 1 절

ILO 협약 개요

1. ILO 협약의 의의 및 중요성

ILO는 각국의 근로조건을 개선, 근로자 지위 향상, 사회적 불안 제거를 통해 세계평화에 공헌하자는 목적 하에 1919년에 설립된 국제기구이다. ILO는 1차 세계대전 후 맺어진 베르사유강화조약 제13편에 노동조약을 채택하고, 이 규약에 근거하여 국제연맹의 자주적인 하나의 기구로 설립되었다. 2차 세계대전 후로 ILO는 사회정의(Social Justice)와 노동권을 촉진하기 위한 UN 특별기구로 국제사회에서 역할을 담당하고 있다.

ILO는 사회 정의와 인도주의를 기초로 하는 항구적인 세계평화의 확립을 주요 목적으로 하고 있으며, 이에 따라 노동기본권 확립, 근로조건 개선, 생활수준 향상, 경제적··사회적 안정 증진 등 종합적인 활동을 하며, 그 중에서 협약과 권고를 채택하여 회원국들에게 적용하고 개선하도록 하는 것이 가장 중요한 활동이다(김근주, 2016:15~16).

ILO 협약은 국제노동기준의 중심으로서의 위상을 확립했다. ILO 협약은 ILO의 목적을 달성하기 위한 구체적인 수단으로서 회원국에 직간접적인 영향을 미치고 있으며, 법적 구속력이 있는 국제노동기준으로서 핵심적인 역할을 수행하고 있다. 또한 ILO협약은 전통적인 국제노동기준으로서 다양한 국제노동기준의 중심으로 자리 잡고 있을 뿐만 아니라 국제규범으로서의 역할까지도 수행하고 있다. 특히 무역, 사회적 책임관련 국제노동기준, 기타 국제기구의 국제노동기준 수립에도 상당한 영향을 끼치고 있다.

ILO 협약은 노동 관련 광범위한 내용을 협약과 권고로 채택하여 국제사회에 적용하도록 하고 있으며, 1919년 이래 현재까지 190개 협약과 206개 권고가 채택되었다. 특히, ILO 협약은 유형에 따라 기본협약(fundamental conventions), 거버넌스협약(governance conventions), 전문협약(technical conventions)으로 구성되는데, 기본협약은 ILO 협약 중에서 가장 중요하고 핵심적인 협약으로서 노동권과 관련한 기본적인 원칙을 제시하고 있다. 거버넌스협약은 ILO 협약 비준 국가가 협약 이행을 위한 체계 구축과 이행의 실효성을 높이기 위한 목적으로 우선적으로 비준해야 할 협약으로 지정한 것을 말한다. 전문협약은 노동과 관련된 광범위한 주제에 대해 채택한 협약으로서 ILO 회원국의 노동과 관련한 공통된 기준을 제시하고 있다.

이와 같이 ILO 협약은 노동 관련 전 분야를 포괄하는 내용과 협약을 통해 국제사회에 적용토록 하는 핵심적인 국제노동 규범이라고 할 수 있다.

2. 국제노동기준

ILO 협약이나 권고 외에도 국제사회의 다양한 기관과 조직들이 인간의 노동을 존중하고 보호하기 위한 다양한 결의와 기준들을 제정하여 실천하고 있다. 대표적인 것으로는 UN 인권기준인 세계인권선과 인권규약, OECD 다국적기업 가이드라인, UN 글로벌 콤팩트, ISO26000 등이 있다.

1) ILO의 국제노동기준(협약과 권고)

ILO는 전 세계 국가에 공통적으로 적용될 수 있는 노동 관련 국제기준을 설정하고, 이를 각국에 적용하며, 각국이 이를 행동으로 실행할 수 있도록 지원하고 유도하여 실질적인 효과를 높이는 것을 가장 큰 목표로 삼고 있다. 이를 위해 새로운 의제를 개발, 선정하고, 이를 협약과 권고의 형태로 채택하여 각국에 적용하려는 노력을 지속적으로 이어오고 있다.

ILO는 국제노동기준을 'ILO 노사정 구성원들에 의해 만들어진, 노동과 관련한 기본원칙과 권리를 규정한 법적 도구'라고 정의하고 있다(김영미, 2012: 24). 이는 각국 정부와 대표성이 있는 노동자단체와 사용자단체의 균형에 의해 만들어지고 실행되는 기준과 원칙이라 할 수 있다. 이 기준과 원칙에는 협약과 권고가 있는데, 비준 후 법적 구속력이 발생하는 협약과 그렇지 않은 권고가 있다.

각국은 협약과 권고 비준 후에 실질적인 이행을 위한 법적, 행정적, 기타 필요한 조치를 취해야 할 의무가 있고, ILO는 이행상황에 대한 정기적인 감시시스템을 작동함으로써 이행을 촉진하는 역할을 수행하고 있다. 이처럼 ILO 협약과 권고는 각 국가의 노동 상황에 직간접적인 영향을 미치는 매우 중요한 국제노동규범이라고 할 수 있다.

2021년 4월 기준, ILO는 노동 전 분야에 걸쳐 협약 190개, 권고 206개 등 총 396개의 법적 도구를 채택하여 적용하고 있으며, 그 중에서 기본협약 8개는 국제노동기준의 근간을 이루고 있다. 또한 이 협약내용은 OECD 다국적기업 가이드라인, UN 글로벌 콤팩트 등의 사회적 책임 관련 및 무역관련 국제노동기준의 중심이 되고 있다.

2) UN 인권기준

UN은 세계인권선언과 국제인권규약에서 노동관련 사항을 규정하고 있다. 세계인권선언(Universal Declaration of Human Rights)은 1948년 12월 10일 UN 총회에서 당시 가입국 58개 국가 중 50개 국가가 찬성하여 채택된 인권에 관한 세계 선언문이다. 1946년의 인권장전 초안과 1948년의 세계인권선언 그리고

1966년의 국제인권규약을 합쳐 국제인권장전이라고 부르기도 한다.

세계인권선언은 총 30조항으로 구성되어 있으며, 노동관련 기준은 결사의 자유(제20조), 경제·사회·문화적 권리를 실현할 권리(제22조), 근로의 권리, 노동조건, 실업에 대한 보호(제23조 1항), 동일노동 동일임금(제23조 2항), 휴식과 여가의 권리(제24조)등에 규정되어 있다.

세계인권선언은 유엔의 결의로서 직접적인 법적 구속력은 없는 정치적·도덕적 문서로 법률적 강제성을 가지지는 못하지만, 국제사회에 통용되는 보편적 인권기준으로서 관습법적 가치를 인정받고 있다.

<표 2-1> 세계인권선언(노동기준)

제20조
1. 모든 인간은 평화적 집회와 결사의 자유를 누릴 권리를 갖는다.
2. 어느 누구도 어떤 결사에 소속될 것을 강요받지 않는다.

제22조
모든 인간은 사회의 일원으로서 사회보장제도에 대한 권리를 가지며, 국가적 노력과 국제적 협력을 통해서 그리고 각국의 구조와 자원에 따라 자신의 존엄성과 인격의 자유로운 발전을 위해 불가결한 경제적, 사회적, 문화적 권리들을 실현할 권리를 갖는다.

제23조

1. 모든 인간은 일, 자유로운 직업의 선택, 공정하고 유리한 노동조건, 실업에 대한 보호 등의 권리를 갖는다.
2. 모든 인간은 어떤 차별도 받지 않고 동일 노동에 대해서 동일한 보수를 받을 권리를 갖는다.
3. 모든 일하는 인간은 자신과 가족에게 인간적 존엄에 합당한 생존을 보장해 주며, 필요할 경우 다른 사회적 보호의 수단에 의해서 보충되는, 정당하고 유리한 보수를 받을 권리를 갖는다.

제24조

모든 인간의 합리적인 노동시간의 제한과 정기적인 유급휴가를 포함한 휴식과 여가의 권리를 갖는다.

국제인권규약은 1966년 12월 16일 뉴욕에서 열린 UN 총회에서 채택되어, 1976년 3월 23일부터 효력이 발효하기 시작한 다자간 조약이다. 서문과 53개의 문서가 6개 파트로 나뉘어서 기술되어 있는 국제인권규약은 경제적, 사회적, 문화적 권리에 관한 국제규약과 시민・정치적 권리에 관한 국제규약 두 영역으로 크게 나눠져 있으며, 세계인권선언보다는 훨씬 다양하고 종합적인 경제적, 사회적, 문화적 권리를 포함하고 있다.

일반적으로 경제적, 사회적, 문화적 권리에 관한 국제규약을 사회권 규약(A규약), 시민・정치적 권리에 관한 국제규약을 자유권 규약(B규약)이라고 부른다. 사회권 규약(A규약)은 노동권, 안전하고 건강한 노동환경에 관한 권리, 사회보장권, 기초생활

향상권, 교육권, 문화생활을 누릴 권리 등을 포함하고 있으며, 자유권 규약(B규약)은 생명권, 인도적으로 대우받을 권리, 노예상태와 강제노동의 금지, 거주이전과 주거의 자유, 평등한 법 적용, 사생활 보호 등의 권리를 규정하고 있다. 노동과 관련하여 사회권 규약(A규약)에서는 제7조에서 동일노동 동일임금 원칙, 제8조에서 결사의 자유 및 단결권 보호, 노동조합 결성 등의 권리를 규정하고 있고, 자유권 규약(B규약)에서는 제8조 강제노동 금지, 제22조 결사의 자유 및 단결권 보호 등의 권리를 규정하고 있다.

권고로서의 성격이 강한 세계인권선에 비해, 국제인권규약은 각국에 법률적 강제력이 있도록 한 조약의 성격이 강하고, ILO의 협약과 유사한 국제기준이라고 할 수 있다.

<표 2-2> 국제인권규약(노동기준, 자유권 규약)

제8조 1. 어느 누구도 노예상태에 놓여서는 안 된다. 모든 형태의 노예제도 및 노예매매는 금지한다. 2. 어느 누구도 예속상태에 놓여서는 안 된다. 3. (a) 어느 누구도 강제노동을 하도록 요구해서는 안 된다. (b) 제3항 "(a)"의 규정은 범죄에 대한 형벌로 중노동을 수반한 구금형을 부과할 수 있는 국가에서, 권한 있는 법원에 의하여 그러한 형의 선고에 따른 중노동을 시키는 것을 금지하는 것으로 해석해서는 안 된다.

제22조

1. 모든 사람은 자기의 이익을 보호하기 위하여 노동조합을 결성하고 이에 가입하는 권리를 포함하여 다른 사람과의 결사의 자유에 대한 권리를 갖는다.
2. 이 권리의 행사에 대하여는 법률에 의하여 규정되고, 국가안보 또는 공공의 안전, 공공질서, 공중보건 또는 도덕의 보호 또는 타인의 권리 및 자유의 보호를 위하여 민주사회에서 필요한 것 이외의 어떠한 제한도 과해서는 안 된다. 이 조는 군대와 경찰의 구성원이 이 권리를 행사하는 데 대하여 합법적인 제한을 부과하는 것을 방해하지 않는다.
3. 이 조의 어떠한 규정도 결사의 자유 및 단결권의 보호에 관한 1948년의 국제노동기구 협약의 당사국이 동 협약에 규정하는 보장을 저해하는 입법조치를 취하도록 하거나 이를 저해하는 방법으로 법률을 적용할 것을 허용하지 않는다.

3) OECD 다국적기업 가이드라인

OECD 다국적기업 가이드라인은 다국적기업이 진출국에 미치는 기업정책은 물론 노동, 환경, 소비자 보호 등 광범위한 영역에의 영향을 고려한다. OECD 다국적기업 가이드라인은 다국적기업이 경제·사회 및 환경적 측면 등에서 미치는 긍정적인 영향력을 높이고, 부정적 영향을 최소화하도록 다국적기업의 모범적인 행동규범을 제시한 것으로서 OECD 회원국 및 가이드라인을 수락한 정부들의 공동 권고라 할 수 있다. 즉 OECD 다국적

기업 가이드라인은 적용 가능한 법에 따른 책임 있는 기업 행동에 대한 자발적 원칙과 기준을 제공하고 있다고 할 수 있다.

OECD 다국적기업 가이드라인은 1976년에 처음 채택되었는데 정보공개 의무, 고용 및 노사관계, 환경, 뇌물방지, 소비자보호, 과학 및 기술, 경쟁, 조세 등에 걸친 광범위한 기업윤리행동 분야를 포괄하고 있다. OECD 다국적기업 가이드라인은 법적 구속력이 없는 다국적 기업의 윤리강령이라고 할 수 있으며, NGO나 노사단체 등으로부터 적극적인 지원과 지지를 받고 있다. 이들 단체는 각국의 연락사무소에 다국적기업의 가이드라인 이행에 대해 이의제기를 할 수 있는 체계를 구축하여 운영하고 있다.

2011년 5월 OECD 다국적기업 가이드라인의 제5차 개정에서는 'V. 고용 및 노사관계'에서 단결권 및 단체교섭권, 강제노동 금지 등 4개 기본협약분야를 중심으로 원활한 교섭을 위한 사업주의 의무, 근로조건, 산업안전보건, 훈련, 해고 등 다양한 부분을 규정하고 있다(김영미, 2012: 40~41).

이와 같이 OECD 다국적기업 가이드라인은 ILO의 기본협약 내용을 기반으로 개정하여 ILO의 국제노동기준과의 정합성을 유지하여 왔고, 노동권 보호 강화에 실질적으로 기여하고 있다. OECD 다국적기업 가이드라인은 회원국 공동의 명의로 다국적 기업에 대해 일정한 사회적 책임을 부여한 국제규범이라 할 수 있다. 이 가이드라인은 법적 구속력은 없으나 각국에 설치한 연락사무소(National contact point)를 통해 가이드라인을 홍보하고 가이드라인의 이행과 관련한 문제를 처리함으로써 실질적인 이행력을 확보하고 있다.

<표 2-3> OECD 다국적기업 가이드라인(고용 및 노사관계)

다국적 기업들은 적용 가능한 법률, 규정 및 일반적인 노동관계 및 고용 관행의 기본 틀 내에서 다음을 이행한다.

1. a) 노조 및 기타 신의 성실한 종업원 대표들이 대변하는 종업원들의 권리를 존중하며 고용 조건에 대해 종업원 대표들과 합의에 도달하기 위해 개인적으로나 사용자단체를 통해 건설적인 협상에 참여한다.
   b) 아동 노동의 효과적인 철폐에 기여한다.
   c) 모든 강제 또는 의무 노동의 제거에 기여한다.
   d) 종업원 특성과 관련한 선별이 고용기회의 평등을 특별히 촉진하거나 업무 고유의 요구조건과 관련되는 기존 정부 정책을 촉진하는 것이 아닌 이상 인종, 피부 색, 성별, 종교, 정치적 의견, 국가적 계통 또는 사회적 출신 등의 이유로 고용 또는 직업과 관련해서 종업원을 차별해서는 안 된다.
2. a) 종업원 대표들에게 효과적인 집단 합의를 발전시키는 데 도움을 받기 위해 필요한 시설을 제공한다.
   b) 종업원 대표들에게 고용조건에 관한 의미 있는 협상에 필요한 정보를 제공한다.
   c) 사용자와 종업원, 종업원 대표들 간에 상호관심사에 대한 자문과 협력을 촉진한다.

3. 종업원과 그 대표들에게 회사 또는 해당되는 경우 기업 전체의 실적에 대한 진실되고 공정한 견해를 얻을 수 있도록 정보를 제공한다.

4. a) 진출국의 상응하는 사용자가 준수하는 기준보다 불리하지 않은 고용 및 노사관계 기준을 준수해야 한다.

   b) 직업상 건강 및 작업 중 안전을 보장하기 위한 적절한 조치를 취하여야 한다.

5. 영업에 있어 실행 가능한 최대한 수준까지 현지 직원을 고용하고 종업원 대표 및 해당되는 경우에는 관련 정부 기관과 협력하여 기술 수준을 향상시키기 위한 교육을 제공한다.

6. 종업원의 생계에 지대한 영향을 미치는, 특히 집단 정리 해고 등과 관련된 사업장의 폐쇄 등의 영업상 변화를 고려함에 있어 그러한 변화에 대한 적절한 통보를 종업원 대표, 해당되는 경우 관련 정부 기관에 제공하며 종업원 대표 및 적절한 정부 기관과 협력하여 가능한 최대한 악영향을 완화하도록 한다. 각 경우의 특수한 환경에 비추어 경영진이 최종 결정이 내려지기 전에 그러한 통지를 할 수 있으면 적절할 것이다. 그러한 결정의 여파를 완화하기 위한 의미 있는 협력을 제공하기 위해 다른 수단도 사용할 수 있다.

7. 고용 조건에 대해 종업원 대표와 신의 성실에 입각한 협상을 함에 있어, 또는 종업원들이 단결권을 행사함에 있어 이러한 협상에 불공정하게 영향력을 행사하기 위해 또는 단결권의 행사를 저해하기 위해 사업단위 전체 또는 일부를 해당 진출국에서 이전시키겠다고 위협하거나 또는 종업원들을 다른 나라에 있는

기업의 특정 사업장으로 전출시키겠다고 위협해서는 안 된다.
8. 승인된 종업원 대표들이 집단 협상 또는 노사관계 문제에 대해 협상할 수 있도록 하며 당사자들이 상호 관심사에 대해 해당 사안에 대한 결정권 행사를 위임받은 경영진 대표들과 상의할 수 있도록 한다.

4) UN 글로벌 콤팩트

UN 글로벌 콤팩트(Global Compact)는 세계경제와 사회가 현재뿐만 아니라 미래에도 더욱 안정되고 균형을 이루며 지속적으로 번영해 나갈 수 있도록 하자는 취지에서 제안된 것으로 많은 기업들과 UN 산하 기구들이 함께 파트너십을 통해 인권, 노동, 환경, 반부패 분야의 10대 원칙을 지지하고 동참하자는 자발적인 사회책임 국제협약이다.

UN 글로벌 콤팩트는 1999년 1월 31일 스위스 다보스에서 열린 세계경제포럼에서 UN 전 사무총장 코피 아난이 비즈니스 리더들에게 사회윤리와 국제환경개선을 위해 UN기구들과 기업들이 협조해 새롭게 발의한 UN 글로벌 콤팩트에 동참을 권장한 이후 2000년 7월 창설되었다. UN 글로벌 콤팩트는 세계인권선언, 노동의 권리와 기본 원칙에 관한 ILO선언, 환경과 개발에 관한 리우선언, 국제연합 부패방지 협약 등의 선언을 기반으로 하고 있다.

UN 글로벌 콤팩트는 인권, 노동, 환경과 반부패 분야에서의 기업전략을 UN 글로벌 콤팩트 10대 원칙과 결합시켜 나가는 틀을 제공한다. 세계 최대의 자발적 기업 시민 이니셔티브로서 100여 개 이상의 국가들의 수 천여 회원들로 이루어져 기업과 세계시장의 사회적 합리성을 제시하고 발전시키는 데 목적을 두고 있다. UN 글로벌 콤팩트는 두 개의 목표를 지향하고 있는데 첫째는 세계 경영관행에 10대 원칙을 일반화하는 것이고, 둘째는 지속가능발전목표(Sustainable Development Goals, SDG)와 같은 UN 아젠다 이행을 촉진하는 것이다.

이와 같이 UN 글로벌 콤팩트는 UN과 기업들 간의 파트너십 하에서 자발적으로 탄생한 국제규범이다. 그렇지만 분야별 원칙 준수에 대한 강제성이 없고 회원국 간의 느슨한 형태의 네트워크 및 포럼 성격이 강하여 실질적인 이행에서는 타 국제기준에 비해 약하다고 할 수 있다.

<표 2-4> UN 글로벌 콤팩트 원칙

<인권>
원칙1 기업은 국제적으로 선언된 인권 보호를 지지하고 존중해야 한다.
원칙2 기업은 인권 침해에 연루되지 않도록 적극 노력한다.

<노동>
원칙3 기업은 결사의 자유와 단체교섭권의 실질적인 인정을 지지한다.
원칙4 모든 형태의 강제노동을 배제한다.

원칙5 아동노동을 효율적으로 철폐한다.
원칙6 고용 및 업무에서 차별을 철폐한다.

<환경>
원칙7 기업은 환경문제에 대한 예방적 접근을 지지한다.
원칙8 환경적 책임을 증진하는 조치를 수행한다.
원칙9 환경친화적 기술의 개발과 확산을 촉진한다.

<반부패>
원칙 10 기업은 부당취득 및 뇌물 등을 포함하는 모든 형태의 부패에 반대한다.

5) ISO26000

ISO26000은 국제표준화기구(ISO)에서 개발한 기업의 사회적 책임(CSR: Corporate Social Responsibility)의 세계적인 표준이다. ISO는 사회적 책임 경영의 국제표준으로 ISO26000을 2010년 11월에 제정 발표했으며, ISO26000은 사회적 책임을 이행하고 커뮤니케이션을 제고하는 방법과 관련한 기준을 제공하고 있다.

ISO26000은 기업, 정부, NGO 등 사회를 구성하는 모든 조직이 지배구조, 인권, 노동, 환경, 소비자, 공정운영, 지역사회참여와 발전 등 7개 핵심 주제에 대해 준수해야 할 사항을 정리해 놓은 기준서다. 이 기준서는 세계인권선언, ILO 협약, 기후변화협약, OECD 다국적기업 가이드라인, UN 글로벌 콤팩트 등 이제까지 나온 국제 기준을 총 망라한 것으로 사회적 책임과 관련한 국제적 이행 기준들의 종합판이라 할 수 있다.

ISO26000은 7개 영역과 7개 원리로 구성되어 있으며, 7개 영역에는 조직 지배구조, 인권, 노동, 환경, 공정운영, 소비자, 지역사회 참여와 발전이 있고, 7개 원리로는 책임감, 투명성, 윤리적 행동, 이해관계자 이익존중, 법률존중, 국제행동 규범존중, 인권존중 등이 있다. 더불어 ISO26000에서 가장 중요한 내용은 분야별 기대사항(Expectations)인데 7개 핵심 주제 및 주요 이슈별로 240여개의 기대사항을 제시하고 있다.

<표 2-5> ISO26000 기대사항(노동)

<노동> 1. 조직은 고용자로서 완전하고 안정한 고용을 통하여 삶의 질 향상에 기여해야 한다. 2. 조직은 피고용자가 더 많은 보호를 필요로 한다는 사실을 인식하고 감안해야 한다. 3. 조직은 피고용자의 임금, 보상, 근무시간 등 노동 조건을 국제노동기준 및 국내법에 따르는지 확인하여야 한다. 4. 조직은 노사정 대화 방식을 비롯하여 사회적 대화 프로그램을 적극 도입하여야 한다. 5. 조직은 직장에서의 보건과 안전에 만전을 기하여야 한다. 6. 조직은 근로자들의 능력 개발을 위하여 지속적으로 노력하여야 한다.

3. ILO 국제노동기준의 구성(헌장, 협약, 권고)

ILO 국제노동기준은 최상위 규범이라고 할 수 있는 ILO 헌장(ILO Constitution)을 중심으로 ILO 협약 및 권고로 구성되어 있다. 이 중 ILO 국제노동기준의 핵심은 협약이라고 할 수 있으며, 협약은 그 중요성 내지 지위에 따라 기본협약, 거버넌스협약, 전문협약으로 구분된다.

ILO 헌장은 ILO 조직과 운영에 관한 사항 중심으로 구성되어 있으며, ILO 헌장 전문, 규정(총 4개의 장 40개 조항), 부속서로 이루어져 있다.

ILO 헌장 규정의 1장은 조직(13개 조항), 2장은 절차(21개 조항), 3장은 일반규정(4개 조항), 제4장은 기타규정(2개 조항)으로 구성되어 있다. 1장은 주로 ILO조직, 인력, 기능과 관련된 사항, 2장은 전반적인 운영절차에 관한 사항, 3장은 헌장 개정 및 해석 등과 관련한 사항, 4장은 ILO의 법적 지위와 관련된 사항 중심으로 이루어져 있다.

부속서는 필라델피아 선언(ILO의 목적에 관한 선언)과 헌장 개정사로 구성되어 있다.

<표 2-6> ILO 헌장의 구성

전문	
제1장 조직	
제1조	총회 설치 및 회원자격
제2조	상설기구
제3조	총회(비본토지역 및 각 회원국 정부 대표와 고문의 자격증명과 현황)
제4조	투표권
제5조	총회 회의 장소
제6조	사무국 소재지
제7조	이사회(이사회의 구성, 정부 대표, 주요산업의 중요성, 이사회의 공석, 대체, 직원 및 이에 따른 절차)
제8조	사무총장
제9조	사무국의 직원
제10조	사무국의 기능
제11조	각국 정부와의 관계
제12조	국제기구와의 관계
제13조	재정 및 예산약정, 사무총장의 재정적 책임
제2장 절차	
제14조	총회 의제
제15조	의제 및 보고서 송부
제16조	의제에 대한 이의 제기
제17조	총회 임원 및 의사결정

제18조	특정 전문가
제19조	협약 및 권고(총회와 회의의 결정, 투표 요구, 특별지역 조건에 대한 수정, 권고에 대한 회원들의 의무, 연방정부 규정, 유리한 조건을 보장하고 있는 법률, 중재재정, 관습 및 협정에 미치는 영향)
제20조	국제연합에 등록
제21조	총회에서 채택되지 못한 협약
제22조	비준 협약에 대한 연례 보고
제23조	보고서 송부
제24조	협약의 미준수, 진정에 대한 해명
제25조	해명서 공개
제26조	협약 미준수에 대한 이의 제기
제27조	심사위원회에 대한 협조
제28조	심사위원회 보고
제29조	심사위원회 조치
제30조	협약, 권고의 권한 있는 기관에 제출 불이행
제31조	국제사법재판소의 결정
제32조	국제사법재판소의 결정 효력
제33조	권고 불이행에 대한 이사회 조치
제34조	권고이행 통지)
제3장 일반규정	
제35조	비본토지역 협약 적용
제36조	헌장 개정

제37조	헌장 및 협약 해석
제38조	지역회의
제4장 기타 규정	
제39조	ILO의 법적 지위
제40조	특권과 면제
부속서	
국제노동기구의 목적에 관한 선언(필라델피아 선언)	
헌장 개정사	

자료: 김근주(2016)에서 재구성

ILO 헌장에서의 기본원리는 전문(preamble)과 필라델피아 선언(Declaration of Philadelphia)에 나타나 있다. ILO 헌장 전문에서는 각국이 사회정의와 인도주의에 입각하여 전반적인 노동조건의 확립과 개선의 필요성을 제시하고 있으며, 이후 1944년 5월 채택한 '국제노동기구의 목적에 관한 선언', 일명 필라델피아 선언에서는 ILO의 기본원칙, ILO의 운영원리, ILO 회원국의 의무 등의 제시함으로써 ILO의 목적과 원칙을 재천명하고 있다.

<표 2-7> ILO 헌장 전문

보편적이고 지속적인 평화는 사회정의를 기반으로 하는 경우에만 성립 될 수 있다. 그러나 세계의 평화와 화합이 위협받을 가능성이 있는, 수많은 사람들에게 중대한 사회불안을 발생시키는 불의, 고난

및 빈곤을 가져오는 근로조건이 존재한다.

(중략)

어떤 국가가 인도적인 근로조건을 채택하지 않는 것은 다른 나라들이 근로조건을 개선하는 데 장애가 되므로, 회원국은 정의 및 인도주의와 세계의 지속적인 평화를 보장하고자 하는 염원에서, 또한 이 전문에 기술한 목적을 달성하기 위하여 다름의 국제노동기구 헌장에 동의한다.

즉 ILO 가입국은 헌장을 수용해야 하고, ILO 헌장 수락서를 ILO에 제출함으로써 공식적인 회원국이 될 수 있으며, 이를 통해 ILO 회원국은 ILO의 관리, 감독 체계를 적용받게 된다.

<표 2-8> 필라델피아 선언의 기본원칙

(a) 노동은 상품이 아니다.
(b) 결사와 표현의 자유는 지속적인 진전을 위하여 필수적이다.
(c) 일부의 빈곤은 전체의 번영에 위험으로 작용한다.
(d) 빈곤에 대한 투쟁은 각 회원국 차원에서 끊임없는 노력으로 지속되어야 하며, 자율적이고 단결된 국제적 노력으로 노사대표는 정부대표와 동등한 지위를 가지고 공공복지 증진의 관점에서 자유로운 협의와 민주적 결정에 참여한다.

ILO 협약은 기본협약 8개 조항, 거버넌스협약 4개 조항, 전문협약 178개 조항 등 총 190개 조항으로 구성되어 있다.

ILO협약의 핵심이라고 할 수 있는 기본협약은 1998년 "노동에 있어서의 기본권과 원칙에 관한 선언(Declaration on Fundamental Principles and Rights at Work)" 에서 제시한 4개 원칙과 관련된 8개 협약을 말한다. 즉 결사의 자유협약(제87호, 제98호), 강제노동금지협약(제29호, 제105호), 아동노동금지협약(제138호, 제182호), 차별금지협약(제100호, 제111호) 등을 말한다.

거버넌스협약은 2008년 "공정한 세계화를 위한 사회정의에 관한 선언(Declaration on Social Justice for Fair Globalization)" 에서 제시한 4개 협약을 말한다. 이는 정책의 결정과 집행에 관한 기본적인 사항들을 규율하는 협약으로, 사회정의 선언에서는 ILO협약의 실효성 있는 이행을 위하여 회원국이 우선적(priority)으로 거버넌스협약을 비준할 것을 권고하고 있다.

거버넌스협약은 노동행정 및 근로감독협약(제81호, 제129호), 고용정책 및 고용촉진협약(제122호), 노사정협의협약(제144호)의 3개 분야, 4개 협약이 있다.

기본협약과 거버넌스협약을 제외한 전문협약은 기본협약 및 거버넌스협약과 동일한 주제 하의 다수 협약과 직업지도 및 직업훈련, 고용보장, 임금, 근로시간, 산업안전보건, 사회보장, 모성보호, 사회정책, 이주노동자, 선원, 어업인, 항만근로자, 토착민 및 부족민, 특정범위 근로자 등의 주제에 따른 협약을 채택하여 적용하고 있다.

<표 2-9> ILO 협약의 유형별 주제별 분류

유형	주제	비고
기본 협약	결사의 자유	제87호 결사의 자유와 단결권 보장 협약
		제98호 단결권과 단체교섭권 협약
	강제노동금지	제29호 강제노동 협약
		제105호 강제노동 철폐 협약
	아동노동 금지	제138호 최저연령 협약
		제182호 가혹한 형태의 아동노동 협약
	균등 대우	제100호 동등보수 협약
		제111호 고용과 직업상 차별 협약
거버넌스협약	노동행정 및 근로감독	제81호 근로감독 협약
		제129호 근로감독 (농업부문)협약
	고용정책 및 고용촉진	제122호 고용정책 협약
	노사정 협의	제144호 삼자협의 (국제노동기준)협약
전문 협약	직업지도 및 직업훈련	제142호 인적자원개발 협약
	고용보장	제158호 고용종료 협약
	임금	제26호 최저임금결정제도 협약
	근로시간	제1호 노동시간(산업) 협약 제4호 야간노동(여성) 협약
	산업안전보건	제148호 근로환경 (대기오염, 소음과 진동) 협약 제155호 산업안전 보건 협약
	사회보장	제157호 사회보장 권리 유지 협약

	제168호 고용촉진과 실업방지 협약
모성 보호	제183호 모성보호 협약
사회정책	제82호 사회정책(비수도권지역) 협약
이주노동자	제97호 취업이주 협약
후천성면역결핍증 (HIV/AIDS)	-
선원	제7호 최저 연령(선원) 협약 제180호 선원근무시간 및 선박정비 협약
어업인	제112호 최저 연령(어업인) 협약
항만근로자	제152호 산업안전과 보건(부두 근로) 협약
토착민 및 부족민	제169호 토착민과 부족민 협약
특정범위 근로자	제83호 노동기준(비수도권지역) 협약
개정 절차	제80호 최종 조항 개정 협약

자료: ILO 홈페이지(www.ilo.org)

1) ILO 협약, 권고의 개념과 특징

ILO 협약과 권고는 노동과 관련한 광범위한 주제에 대해서 ILO 구성원들 간의 합의에 의해 채택하고 있는 성문형식의 국제노동기준이다. ILO 협약과 권고는 ILO 총회를 통해 협약이나 권고로 채택되는 과정을 거치고, 권고는 협약의 보조적인 성격을 띠고 있으며, 협약에서 규정하고 있지 않은 세부사항을 포함하고 있다.

중요한 점은 ILO 협약과 권고, 모두 형식적인 측면에서 법규 형태로 제시되고 있다는 것이다. 즉 ① 적용 범위(대상), ② 권리의 내용(요건), ③ 이행방식을 포함한 사항들을 구체적인 법규(regulations)의 형식으로 규정하고 있다(김근주, 2017: 12).

ILO 협약과 권고는 이처럼 법규 형태로 제시되고 있다는 공통점이 있지만 실제적인 법적 구속력에서는 차이점이 있다. ILO 협약은 회원국에 의무를 발생시키는 규범으로 비준과 동시에 국내외적으로 법적 구속력이 발생하지만 권고는 이러한 법적 구속력이 발생하지 않는다. 즉 협약 비준국은 국내외적으로 협약 이행에 대한 의무가 부여되며, 협약 불이행시 책임 문제가 발생할 수 있으나 권고는 불이행에 따른 책임이 따르지 않는다. ILO 협약과 권고는 법적 구속력 및 위상의 차이는 있지만 회원국 합의에 의해 채택된 공통의 국제노동기준으로서 국내외법과 관행에 상당한 영향을 미치고 있다.

2) ILO 협약과 권고의 채택 현황

ILO는 2021년 4월 기준으로 총 190개의 협약을 채택하고 있으며, ILO 협약은 주제에 따라 결사의 자유, 강제노동 금지, 아동노동 금지, 균등대우, 노사정협의, 노동행정 및 근로감독, 고용정책 및 고용촉진, 직업지도 및 직업훈련, 고용보장, 임금, 근로시간, 산업안전보건, 사회보장, 모성 보호, 사회정책, 이주노동자, 후천성면역결핍증(HIV/AIDS), 선원, 어업인, 항만근로자, 토착민 및 부족민, 특정범위 근로자, 개정절차 등 23개 항목으로 분류된다.

ILO는 2021년 4월 기준으로 총 206개의 권고를 채택하고 있으며, ILO 권고는 ILO 협약의 동일한 기준으로 주제를 분류하고 있으며, 후천성면역결핍증 관련 권고가 1개 추가되고 있고, 아직 분류되지 않은 권고가 1개 있다.

4. ILO 기본협약

1) 기본협약의 의의

기본협약은 1998년 "노동의 기본권과 원칙에 관한 선언(Declaration on Fundamental Principles and Rights at Work)"(이하 기본권 선언)에서 열거한 4개 원칙과 관련된 8개 협약을 말한다. 즉 결사의 자유 협약(제87호 결사의 자유와 단결권 보장 협약, 제98호 단결권과 단체교섭권 협약), 강제노동금지 협약(제29호 강제노동 협약, 제105호 강제노동철폐 협약), 아동노동금지 협약(제138호 최저연령 협약, 제182호 가혹한 형태의 아동노동 협약), 균등대우 협약(제100호 동등보수 협약, 제111호 고용과 직업상 차별 협약) 등 총 4개 분야, 8개 협약을 말한다.

ILO 회원국은 ILO 가입과 동시에 헌장 상의 원칙에 대한 의무를 부담하지만, 실제 이를 제대로 이행하는지는 판단하기 어렵기 때문에 ILO는 기본협약을 비준하지 않았더라도 모든 ILO 회원국은 그 협약과 관련한 내용을 기본적 권리로 설정하고 이를 존중하고 실현할 의무를 부과하고 있다.

ILO는 기본협약에 대해서는 각국에 공통적으로 적용되어야 하는 가장 기본적이고 최소한의 기준이라고 판단하고 있다. 따라서 비준이 이루어지지 않은 국가에 대해서도 비준의 가능성과 장애요인을 지속적으로 확인 및 점검하는 시스템을 작동시킨다. 예컨대 비준전망에 관한 연례보고서를 제출하도록 함으로써 압력조치를 지속하고 있다. 그리고 기본협약을 비준한 국가는 법적 구속력이 발생하고, 비준 후에도 ILO의 감시·감독 체계 하에서 실질적인 이행노력을 지속해야 하며, 불이행시 해당 국가는 그에 대한 책임이 발생한다고 규정한다.

기본협약은 개별 국가의 발전 정도에 관계없이 노동에서의 인권에 기본적인 의미를 가지는 협약으로서 이러한 권리는 개별적·집단적 조건의 향상을 위하여 노력하기 위한 필수적인 도구로 작용한다는 의미에서 다른 모든 협약의 전제조건으로 인식되고 있다(이승욱, 2007: 12). 즉 기본협약의 비준 여부는 개별 국가의 노동기본권에 대한 수준을 나타내고 있는 척도이다.

ILO 협약은 회원국이 채택한 공통된 방향성이라는 측면에서 국제노동기준의 의미가 있으며, 특히 이 중에서 4대 원칙과 8개 협약을 기본협약으로 분류하여, 각국에 우선적이고 기본적으로 적용하고 있다는 점은 의미가 크다고 할 수 있다(김영미, 2012: 32). 기본협약은 UN을 비롯한 국제다자기구, 무역협상, 기업 활동 등에 요구되는 국제노동기준 수립에도 직접적인 영향을 미치고 있다.

2) 기본협약(핵심노동기준) 비준 현황

ILO 기본협약은 ① 결사의 자유 ② 강제노동금지 ③ 아동노동금지 ④ 균등대우 등 크게 네 가지 영역과 관련된 협약이다.

결사의 자유 관련 협약인 결사의 자유와 단결권 보장 협약(제87호)은 1948년에 협약을 채택하였고, 현재 ILO 187개 가입국 중에서 157개국(83.9%)이 비준을 했으며, 30개국이 미비준 상태이다. 결사의 자유와 단결권 보장 협약(제87호)은 현재 미비준 국가가 가장 많은 기본협약이다. 단결권과 단체교섭권 협약(제98호)은 1949년에 협약을 채택하였고, 168개국(89.8%)이 비준을 했으며, 19개국이 미비준 상태이다.

강제노동금지 관련 협약인 강제노동 협약(제29호)은 1930년에 채택하였고, 2014년 보충협약을 채택했다. 이 협약은 현재 ILO 187개 가입국 중에서 179개국(95.7%)이 비준했으며, 8개국이 미비준 상태이다. 강제노동철폐 협약(제105호)은 1957년에 채택하였고, 176개국(94.1%)이 비준했으며, 11개국이 미비준 상태이다.

아동노동금지 관련 협약인 최저연령 협약(제138호)은 1973년에 채택하였고, 현재 ILO 187개 가입국 중에서 174개국(93.0%)이 비준했으며, 13개국이 미비준 상태이다. 가혹한 형태의 아동노동 협약(182호)은 1999년에 채택하였고, 187개국 모두 비준했다. 가혹한 형태의 아동노동 협약(182호)은 ILO 기본협약 중 가장 늦게 채택되었지만 비준 국가가 가장 많은 기본협약이다.

균등대우 관련 협약인 동등보수 협약(제100호)은 1951년에 채택하였고, 현재 ILO 187개 가입국 중에서 173개국(92.5%)이 비준했으며, 14개국이 미비준 상태이다. 고용과 직업상 차별 협약(111호)은 1958년에 채택하였고, 175개국(93.6%)이 비준했으며, 12개국이 미비준 상태이다.

<표 2-10> ILO 기본협약 비준 현황

구분	ILO 기본 협약	협약채택 연도	비준 국가 수	미비준 국가
결사의 자유	제87호 결사의 자유와 단결권 보장 협약	1948	157 (83.9%)	아프가니스탄, 바레인, 브라질, 브루나이, 중국, 쿡 아일랜드, 기니비사우, 인도, 이란, 요르단, 케냐, 라오스, 레바논, 말레이시아, 마셜군도, 모로코, 네팔, 뉴질랜드, 오만, 팔라우, 카타르, 사우디아라비아, 싱가포르, 남수단, 태국, 통가, 투발루, 아랍에미리트, 미국, 베트남(30개국)
	제98호 단결권과 단체교섭권 협약	1949	168 (89.8%)	아프가니스탄, 바레인, 브루나이, 중국, 쿡 아일랜드, 인도, 이란, 라오스, 마셜군도, 미얀마, 오만, 팔라우, 카타르, 사우디아라비아, 태국, 통가, 투발루, 아랍에미리트, 미국 (19개국)

강제노동금지	제29호 강제노동 협약	1930 보충협약 (2014)	179 (95.7%)	아프가니스탄, 브루나이, 중국, 마셜군도, 팔라우, 통가, 투발루, 미국(8개국)
	제105호 강제노동철폐 협약	1957	176 (94.1%)	브루나이, 중국, 일본, 대한민국, 라오스, 마셜군도, 미얀마, 팔라우, 동티모르, 통가, 투발루 (11개국)
아동노동금지	제138호 최저연령 협약	1973	174 (93.0%)	오스트레일리아, 쿡 아일랜드, 이란, 라이베리아, 마셜군도, 뉴질랜드, 팔라우, 세인트루시아, 소말리아, 동티모르, 통가, 투발루, 미국(13개국)
	제182호 가혹한 형태의 아동노동 협약	1999	187 (100%)	-
균등대우	제100호 동등보수 협약	1951	173 (92.5%)	바레인, 브루나이, 쿡 아일랜드, 쿠웨이트, 라이베리아, 마셜군도, 미얀마, 오만, 팔라우, 카타르, 소말리아, 통가, 투발루, 미국(14개국)
	제111호 고용과 직업상 차별 협약	1958	175 (93.6%)	브루나이, 쿡 아일랜드, 일본, 말레이시아, 마셜군도, 미얀마, 오만, 팔라우, 싱가포르, 통가, 투발루, 미국(12개국)

자료: ILO 홈페이지(www.ilo.org), 2022년 4월 기준.

한국은 8개 기본협약 중에서 동등보수 협약(제100호, 1951년), 고용과 직업상 차별 협약(제111호, 1958년), 최저연령 협약(제138호, 1973년), 가혹한 형태의 아동노동 협약(제182호, 1999

년)은 이미 비준하였고 2021년 4월, 결사의 자유와 단결권 보장 협약(제87호), 단결권과 단체교섭권 협약(98호), 강제노동 협약(제29호)을 추가로 비준하였다. 다만 강제노동철폐 협약(제105호)은 이번에도 비준되지 못하여 미비준 상태로 남아있다.

ILO의 8개 기본협약 중 비준이 이루어지지 않은 강제노동철폐 협약(105호)은 정치적 견해와 의견 표명, 파업 참가에 대한 제재 수단으로 강제노동을 적용해서는 안 된다는 것이 핵심 원칙이다. 우리나라의 경우에는 국가보안법과 집회 및 시위에 관한 법률(이하 집시법)이 이 협약의 핵심과 충돌할 수밖에 없다. ILO 회원국 187개국 중 해당 협약을 비준하지 않은 국가는 중국과 일본, 동티모르 등 11개국에 불과한데, 우리 정부는 형벌체계와 분단 상황을 고려할 때 즉시 비준이 어렵다는 의견을 고수하고 있다.

<표 2-11> ILO 기본협약 한국 비준 현황

구분	ILO 기본 협약	협약채택 연도	한국의 비준 여부
결사의 자유	제87호 결사의 자유와 단결권 보장 협약	1948	○ (2021.2.26.비준)
	제98호 단결권과 단체교섭권 협약	1949	○ (2021.2.26.비준)
강제 노동 금지	제29호 강제노동 협약	1930, 보충협약 (2014)	○ (2021.2.26.비준)
	제105호 강제노동철폐 협약	1957	X

균등 대우	제100호 동등보수 협약	1951	○ (1997.12.8.비준)
	제111호 고용과 직업상 차별 협약	1958	○ (1998.12.4.비준)
아동 노동 금지	제138호 최저연령 협약	1973	○ (1999.1.28.비준)
	제182호 가혹한 형태의 아동노동 협약	1999	○ (2001.3.29.비준)

자료: ILO 홈페이지(www.ilo.org), 2022년 4월 기준

5. ILO 거버넌스협약

1) 거버넌스협약의 의의 및 내용

거버넌스협약은 2008년 사회정의 선언('공정한 글로벌화를 위한 사회정의에 관한 선언)의 내용과 관련되는 것으로 ILO 이사회가 거버넌스의 관점에서 우선적으로(priority) 비준해야 할 협약으로 지정한 4개 협약을 말한다.

4개 협약에는 근로감독과 관련한 제81호 근로감독협약과 제129호 근로감독(농업부문)협약이 있고, 고용정책 측면의 제122호 고용정책협약이 있으며, 노사정협의와 관련한 제144호 삼자협의(국제노동기준)협약이 있다.

거버넌스협약의 중요한 목적은 ILO 협약을 비준한 국가가 지

속적으로 협약 이행을 위한 조치를 취할 수 있는 체계를 구축하여 ILO 협약의 실효성을 제고하려는 것이라고 할 수 있다.

거버넌스협약은 근로감독, 고용정책, 노사정협의 세 측면으로 구분할 수 있다. 첫째, 근로감독 관련 협약에서는 사업장내에서의 근로자보호와 관련한 법 집행을 위한 근로감독 체계의 제공과 근로감독관의 역할 및 권한을 규정하고 있다. 둘째, 고용정책 관련 협약에서는 완전고용을 위한 적극적인 노동정책의 추진을 목적으로 하고, 이와 관련한 의사결정을 하는 데 노사정 협의기구, 즉 노사의 의견을 수렴하는 체계를 구축하여 운영하도록 하도록 규정하고 있다. 셋째, 노사정협의 관련 협약에서는 국제노동기준의 이행을 촉진하기 위한 삼자협의체(정부, 경영자 대표, 노동자 대표)를 구축하고 운영할 것을 규정하고 있다.

즉 거버넌스협약은 ILO 노동기준 이행과 노동정책 추진을 위한 합리적인 협의·의사결정 체계의 구축과 근로감독 체계와 역할을 규정하고 있는 우선 협약이라 할 수 있다.

<표 2-12> 거버넌스협약의 주요 내용

구분	ILO 기본 협약	주요 내용
근로감독	제81호 근로감독 협약	①사업장(공업, 상업, 농업)에서 근로조건과 노동자 보호에 관한 법 규정 집행을 보장하기 위한 근로감독 체계를 제공 ②근로감독관의 역할 및 권한 규정
	제129호 근로감독 (농업부문) 협약	

고용 정책	제122호 고용정책 협약	완전고용을 촉진하는 적극적인 노동정책을 추진하는 데 있어서 노사정 협의기구를 통한 의사결정 실시
노 사 정 협의	제144호 삼자협의 (국제노동기준) 협약	국제노동기준을 이행을 촉진하기 위한 정부・경영자・노동자 대표 사이의 협의 시스템 구축 및 이행

2) 거버넌스협약의 비준 현황

거버넌스협약의 근로감독 관련 두 개의 협약 중에서 81호 근로감독 협약은 1947년에 채택되었고, 현재 비준국가는 148개국(79.1%)이다. 제129호 근로감독(농업부문) 협약은 1969년 채택되었으며, 비준국가는 55개국(29.4%)이다. 81호 협약은 거버넌스 협약 중에서 비준 국가수가 가장 많고, 제129호 협약은 가장 적다.

고용정책과 관련한 122호 고용정책 협약은 1964년에 채택되었고, 비준국가는 115개국(61.4%)이다. 노사정협의와 관련한 제144호 삼자협의(국제노동기준) 협약은 1976년에 채택되었으며, 비준국가는 156개국(83.4%)이다.

한국은 4개 거버넌스 협약 중에서 제81호, 제122호, 144호 협약을 비준했으나 제129호 협약은 미비준 상태이다. 제81호와 제122호 협약은 1992년, 제144호 협약은 1999년에 비준하였다.

<표 2-13> 거버넌스협약 비준 현황

구분	ILO 기본협약	협약채택연도	비준국가수	한국 비준 여부
근로감독	第81호 근로감독 협약	1947	146 (78.1%)	○ (1992년 비준)
	第129호 근로감독 (농업부문) 협약	1969	53 (28.3%)	X
고용정책	第122호 고용정책 협약	1964	113 (60.4%)	○ (1992년 비준)
노사정협의	第144호 삼자협의 (국제노동기준) 협약	1976	144 (77.0%)	○ (1999년 비준)

자료: ILO 홈페이지(www.ilo.org), 2022년 4월 기준

제 2 절

ILO 협약 절차 및 감시체계

1. ILO 협약의 채택 절차

ILO 협약의 채택은 이사회가 최종적으로 의제를 결정하고, 이사회의 판단과 ILO 헌장에 따라 협약이나 권고로 채택하는 절차를 진행한다.

의제 제안은 정부, 노사단체, 공적 국제기구(UN 관련 기구 등)에서 할 수 있으며, 협약과 권고는 매년 열리는 ILO 총회에서 채택한다. 의제 제안에 따라 ILO사무국은 관련 자료를 작성하여 이사회에 제출하고, 이사회는 그중에서 의제를 결정한다. 총회 의제는 이사회에서 결정하고 사무국으로 하여금 상세한 의제보고를 작성하여 가맹국에 송부한다(권중동, 2004: 4).

일반적으로 의제를 심의하여 협약이나 권고로 채택하는 데는 이중심의절차(double discussion procedures)를 따른다. 즉 의제결정에서 협약이나 권고를 채택하기까지 2회의 총회를 걸친 토의절차를 밟게 된다(이승욱, 2007: 7~8).

제1차 토의에서는 결정된 의제를 심의하여 협약이나 권고로 할 것인지를 판단하고, 상당히 구체화된 내용의 초안이 작성되어 이를 제2차 총회에 상정한다. 제2차 토의에서는 협약과 권고의 채택을 위한 추가적인 심의를 진행하고 최종적으로 총회에서 채택하게 된다. 협약이나 권고는 총회의 가맹국 대표 3분의 2의 찬성으로 채택된다.

2. ILO 협약의 이행 감시시스템

1) 비준 전 보고의무 사항

ILO 헌장 제19조 5항에 따라, ILO 회원국은 비준하지 않은 협약에 대해서 ILO에 보고해야 하는 의무를 가진다. 이 보고서에는 협약과 관련한 규정이 어느 정도 시행되고 있는지 또는 시행하려고 하는지를 명시해야 하고, 협약의 비준 장애물과 지연 사유를 기술하도록 하고 있다. 특히 ILO 기본협약을 미비준한 국가는 4년마다 비준 의향 등을 담은 보고서를 ILO에 제출해야 하는 의무가 있다.

즉 ILO는 협약 미비준 국가에 대해서 미비준 사유를 지속적으로 답하도록 하고 있고, 이러한 보고 의무는 회원국에 일정 정도의 압력을 가하려는 목적이다.

2) 협약의 이행 감시시스템

(1) 비준 후 보고의무 사항

ILO 회원국이 협약을 비준하게 되면, ILO 헌장 제22조에 따라 비준 협약에 대한 이행 여부를 담은 연례 보고서를 제출하여야 한다. 이 보고서는 정기적인 성격을 가지고 있으며, 협약 비준국으로서의 상시적이고 정기적인 감시·감독 체계에 놓이게 되는 것을 의미한다. 기본협약(8개)과 거버넌스협약(4개)은 3년 주기로 보고서를 제출해야 하고, 기본협약과 거버넌스협약을 제외한 전문협약 등은 5년 주기로 제출하여야 한다.

ILO 협약의 비준은 비준국에 대하여 국제법상의 구속력이 미치고, 협약을 실시할 의무를 부여하는 것이며, 협약의 실시는 협약내용에 대한 국내법상의 수용과 함께 협약의 목적이 달성되도록 실질적인 실행이 이루어져야 함을 의미한다. 즉 입법을 통한 조치 이외에도 행정적 조치, 단체협약 등 전반적인 조치를 이행함으로써 협약이 추구하는 목적이 실질적으로 실행되고 있는지가 중요한 판단기준이 된다. 즉 비준 후의 보고 의무는 협약의 이행상황을 점검함으로써 협약의 실효성을 제고하기 위한 중요한 절차라 할 수 있다.

ILO는 비준 정부가 제출한 보고서 사본을 대표적인 노사단체에 송부해야 하고, 노사단체는 정부보고에 대한 의견을 제시할 수 있다. 단, ILO 헌장 절차(제23조)와 무관하게, 노사단체는 관행상 정부보고서에 대한 의견의 형태를 취하지 않고, 비준 협약에 관한 사항을 직접 ILO에 제출하는 것도 가능하다.

(2) 이행 · 감시체계

가. 정기 감시절차

ILO 협약의 이행 · 감시체계인 정기 감시 절차(Regular Supervisory Procedures)는 두 개의 기구 협약권고적용전문가위원회(Committee of Experts on the Application of Conventions and Recommendations)와 총회기준적용위원회(Committee on the Application of Standards)에 의해 실행되고 있다. 단, 결사의 자유에 관해서는 특별한 감시절차를 별로도 두어 운영하고 있다.

협약권고적용전문가위원회(이하, 전문가위원회)는 1926년 설치되었으며, 이사회가 지명한 중립적 성향의 국제법 전문가 20명으로 구성되고, 임기는 3년이다. 전문가위원회는 ILO 헌장에 입각하여 설치된 기구도 아니고, 이사회나 총회의 부속기관도 아니지만 엄격한 독립성과 중립성을 가진 독립적인 기구이다.

전문가위원회의 역할을 크게 세 가지다. 첫째, 헌장 제22조에 따른 비준협약을 실시하기 위해 취한 조치에 관한 정기보고서의 검토, 둘째, 헌장 제19조에 따라 회원국이 통보한 협약과 권고에 대한 정보와 보고의 검토, 셋째, 헌장 제35조에 따라 회원국이 취한 조치에 관한 정보와 보고에 대한 검토 등이다(이승욱,

2007: 30).

전문가위원회는 비준협약과 관련하여 정부가 제출한 보고서와 노사단체의 의견을 종합하여 심사를 진행한다. 전문가위원회는 보고서를 기반으로 하여 비준협약과 비준국의 관련 법령 등을 비교, 분석하는 과정을 거치고, 최종판단은 위원회 전체 회의에서 결정된다. 최종 판단은 두 가지 형식으로 이루어지는데, 하나는 '직접청구(direct request)'이다. 이는 협약 적용상의 의문점에 대해 해당 정부에 직접 질문서를 우송하는 것을 말하며, 공표되지는 않는다. 이는 보고서 상의 정보가 불충분하거나 협약 비준수가 명확하지만 해당 정부에 시정조치를 요구하는 것이 더 낫다고 판단할 경우 이루어지는 방법이다. 다른 하나는 '권고'인데 이는 전문가위원회 보고서로 공개된다. 이는 일정 기간 동안의 직접청구에 의한 개선조치가 미흡하고 불이행 정도가 심각한 상황에 취해지는 방법이다. '권고'형식의 방법은 해당 정부에 상당한 부담으로 작용할 가능성이 매우 높은 형식이라고 할 수 있다. 전문가위원회의 이러한 의견표명은 최종적인 성격이 강하며, 국제노동기준에 관한 한 일종의 판례법으로 실질적으로 작용하고 있다고 할 수 있다. 권고는 연차보고서에 수록되며, 총회기준적용위원회(CAS)에 제출된다.

ILO는 미비준 협약에 대해서도 협약 미비준 사유와 장애요인 등에 대해서 보고서 제출을 강제하고 있으며, 전문가위원회에서는 이와 같이 제출된 보고서에 대해 검토 및 심사를 실시하고 미비준 협약 및 권고에 대한 각국의 상황을 총회에 제출하는 역할을 수행하고 있다.

총회기준적용위원회는 총회의 하부조직으로써 총회 대표가 위원이 되며, 노사정 3자로 구성된다. 총회기준적용위원회는 협약의 적용과 관련한 심각한 문제의 경우를 선정하여 개별적인 토론을 중심으로 논의를 진행하는 특징을 가지고 있다. 즉 노사정 합의에 의하여 중대하다고 판단되는 사안 24~25개를 선정하여 집중적으로 논의한다. 논의방식은 선정된 사건의 정부측과 노사위원이 문답형식으로 진행되므로 해당 정부는 상당한 부담감과 압력이 작용할 수 있다. 총회기준적용위원회는 국제적인 여론을 환기시킴으로써 협약 이행을 촉구하는 기구라고 할 수 있다.

나. 특별 감시절차

ILO 협약의 이행·감시체계인 특별 감시 절차(Regular Supervisory Procedures)에는 진정(Representation), 이의제기(Complain), 결사의 자유위원회 특별 절차가 있다.

먼저 '진정'은 협약 비준당사국이 협약 미준수에 대해 노사단체가 제기하는 절차이다. ILO 헌장 제24조에 따라 ILO 사무국은 진정이 접수되면, 진정 대상 정부에 진정사항을 통보하고, 해당 정부가 진정사항에 대한 입장을 진술하도록 권유하도록 하고 있다. 이 경우 노사단체가 진정 주체가 되고, 진정 대상은 해당국 정부가 된다. 진정이 수리되면 이사회는 3자 구성의 3인 위원회를 설치하여 심사를 진행한다. 심사결과 및 권고 내용은 해당국에 통보하는데 이에 대한 해당 정부의 대응이 미흡하다고 판단될 경우에 이사회는 당해 진정내용과 정부의 대응을 공표할 수 있다(이승욱, 2007: 36).

'이의제기'는 ILO 헌장 제26조, 1항과 4항에 따라 회원국의 협약 위반 사항에 대해 회원국, 총회의 노사대표, 이사회가 주체가 되어 제기할 수 있다. 이의 제기 후 ILO 이사회는 3명의 중립적 위원을 중심으로 사실조사위원회 구성하여 조사를 실시한다. 조사결과 및 권고사항을 해당 정부에 통보하며, 해당 정부가 권고를 수용하지 않았을 경우에는 국제사법재판소(ICJ)에 제소가 가능하다.

결사의 자유 위원회 절차는 노사단체가 결사의 자유와 관련한 협약을 침해한 회원국에 대한 진정을 제기함으로써 진행되는 특별 절차라고 할 수 있다. 이는 ILO 회원국의 기본적인 책무로서 결사의 자유 관련 협약 비준 여부와 상관없이 진정제기가 가능하며, ILO 이사회 산하 결사의 자유 위원회에서 심의한다. 위원회는 노사정 각 3인이 위원이 되고, 1년 3회 개최된다. 심의위원회의 결론과 권고사항은 ILO 이사회 승인을 거쳐 보고서 형태로 공표되는데 권고사항은 국제법상의 구속력은 없다.

제 3절

강제노동금지협약(제29호, 제105호)

1. 강제노동금지협약(제29호, 제105호)의 역사적 배경

강제노동금지협약인 강제노동협약(제29호)과 강제노동철폐협약(제105호)은 전체 ILO 협약 중에서 상대적으로 많은 국가에서 비준한 협약으로서 노동의 성격이나 활동분야에 관계없이 모든 인간에게 강제노동으로부터의 인권과 자유를 보장하는 것으로 목적으로 하고 있다.

강제노동협약(Forced Labour Convention, No. 29)은 1930년 6월 10일 제네바에서 개최된 제14차 회의에서 회기 의사일정의 첫 번째 의제인 강제노동에 관한 제안을 채택하기로 결정되었다. 이 제안이 국제협약의 형식을 취할 것을 결의하여 1930년 6월 28일 채택되었고 1932년 5월 1일부터 효력이 발생하였다.

강제노동협약(제29호)을 비준하는 ILO 회원국은 가능한 한 조기에 모든 형태의 강제노동의 사용을 금지할 것을 약속한다. 완전한 금지를 위하여 과도기 동안 공익의 목적을 위해서만 예외적 조치로서 행해질 수 있으며, 협약에서 규정하는 조건 및 보장사항을 준수하도록 하고 있다(협약 제1조).

강제노동철폐협약(Abolition of Forced Labour Convention, No. 105)은 1957년 6월 5일 제네바에 개최된 제40차 회기에서 다루어졌다. 회기 의사일정의 네 번째 강제노동 문제를 심의하면서 1930년 강제노동 협약의 규정, 1926년 노예협약, 1956년 노예제도, 노예매매 및 노예제도와 유사한 제도 및 관행의 폐지에 관한 보충협약, 1949년 임금보호협약 규정을 주목하였다.

국제연합 헌장과 세계인권선언에서 천명하고 있는 인권 침해의 구체적인 상황에 대한 모든 형태의 강제노동 폐지에 관한 제안을 채택하기로 결정하고, 이 제안이 국제협약의 형식을 취할 것을 결의하여, 1957년 6월 25일 채택되었으며, 1959년 1월 17일부터 효력이 발생하였다.

하지만 강제 또는 의무노동(forced or compulsory labour) 문제는 많은 국가에 계속 남아있으며 지금도 세계의 많은 사람이 강제 또는 의무 노동에 시달리고 있다. ILO 보고서(2007)에 의하면 당시 전 세계에 적어도 1,230만 명의 강제노동 피해자가 있는 것으로 추정되었고, 그 중 980만 명은 민간업체 착취, 240만 명은 인신매매 강제노동, 250만 명은 국가나 반군 단체에 의해 노동을 강요당하는 것으로 보고되었다.

그러나 최근의 보고에 의하면 그 규모는 증가하며 약 2,490만 명의 강제 노역자와 1,540만 명의 강제 결혼자를 포함하여 약 4,030만 명의 사람들이 현대 노예 생활을 하고 있다는 보고도 있다. 특히 여성과 소녀들이 더 위험에 처하고, 이주자와 취약계층도 종종 표적이 되는데 대다수의 사람들은 개인 혹은 기업에 의해 착취당하고 주로 농업이나 건설업에 종사하는 것으로 추정된다(fairtrade.net, 2021).

국가에 의한 강제노동의 대표적 예로 다양한 종류의 병역의무 등 생산이나 서비스를 목적으로 하는 강제노동 또는 기결수를 민간 부문이 고용하거나 그 처분에 맡기는 경우 등 법원의 유죄 판결에 따른 처벌로서의 강제노동 등이 있다.

2021년 우리나라 국회에서 비준되어 2022년 발효가 시작되는 강제노동협약 제29호 적용에 특히 영향을 주는 두 가지 문제 중 하나는 교도소 내・외에서 민간기업을 위해 일하는 공공교도소 재소자가 증가하는 것이고, 또 다른 하나는 일부 경우 교도소 관리를 민간기업에 외주를 주고 이들 교도소의 재소자들이 생산을 목적으로 일하는 것이다.

강제노동협약에 대한 ILO의 일반조사 보고서(General Survey, 2007)는 금고형의 대안으로 간주하고 협약 준수에 영향을 줄 수 있는 사회봉사(community work) 등의 새로운 형벌을 도입하는 법률 채택과 일부 국가에서 실업보험급여 수급 조건으로 강요된 근로 요구조건을 부과하는 정책에 대해 우려를 표명했다. 동 ILO 보고서는 강제노동철폐협약 105호 관련 사항으로 의무 노동을 수반하는 처벌로 표현의 자유가 제한받는 경우와 ISO26000 등 다양한 노동규율 위반과 관련하여 공무원과 선원에게 적용되는 강제노동 사례에도 주목했다.

ILO는 1998년 제86차 국제노동총회에서 '노동에서의 기본 원칙 및 권리에 관한 ILO 선언'를 채택하였다. 본 ILO 선언에서는 "모든 회원국은 문제의 협약들을 비준하지 않았더라도 ILO 회원국이라는 사실만으로 이 협약들의 주제인 기본권에 관한 원칙, 즉 모든 형태의 강제 또는 의무 노동 철폐원칙을 선의와 ILO 헌장에 따라 존중하고, 증진하며, 실현할 의무가 있다"는 점을 강조하고 있다.

2. 강제노동금지협약(제29호, 제105호)의 주요 내용

1) 강제노동협약(제29호)

강제노동협약(제29호)에서는 "처벌의 위협 하에서 강요되고 자발적으로 요청하지 않은 모든 노동이나 서비스"를 강제노동이라고 정의하고 있으며, 강제노동은 금지되며, 강제노동의 불법적인 강요는 형사처벌 대상이 된다는 점을 강조하고 있다. 그러나 5가지 사항에 대해서는 강제노동의 예외로 인정하고 있다. 강제노동 정의에서 노동 또는 서비스(Work or service)에셔 의무적인 직업훈련 제도는 강제노동협약에서 제외하고, 직업훈련 제도 여부는 다양한 요소들을 참고하여 결정할 수 있다고 하고 있다. 처벌의 위협(Menace of any penalty)은 처벌의 형태는 형사적 제재뿐만 아니라, 권리나 특권의 상실도 해당될 수 있음을 의미한다.

자발적 요청(Voluntary offer)은 노동자가 "자발적으로 요청한" 자유를 침해하는 외부 통제나 간접적 강압은 협약 위반에 해당된다고 하고 있다.

5가지 협약 예외 조항으로는 ① 의무병역, ② 통상적 시민의무, ③ 법원의 유죄 판결로 인한 강제노동, ④ 비상시의 강제노동, ⑤ 소규모 공동체 서비스가 있다.

의무병역은 순수하게 군사적 성격의 노무가 아닌 비군사적 목적의 징집병 사용은 강제노동에 해당되는 것이 원칙이나 몇 가지 경우는 예외적으로 강제노동에 해당되지 않는다. 먼저 양심적 병역거부자에 대하여 징병에 대한 대안으로 대체복무를 의무화하는 경우가 있을 수 있다. 양심적 병역거부는 양심적 병역거부가 인정되지 않는 경우보다 더 유리한 지위에 있는 것으로 개인의 특권으로 판단하기 때문이다. 그리고 공병부대나 이와 유사한 부대에서 징집병을 군사훈련의 일환으로 비군사적 작업(도로나 교량 건설 등)을 수행하는 경우이다.

통상적 시민의무에는 의무적 배심원 서비스, 위험에 처한 자를 도울 의무 등이 해당된다고 할 수 있다. 그러나 일반적으로 중요한 국가 공공사업 등 협약의 다른 규정에 해당하는 공공 목적의 작업은 통상적 시민의무로 볼 수 없다.

법원의 유죄 판결로 인한 강제노동은 유죄 판결을 받은 자에게 공공기관의 관리·감독 하에 수행되고, 사인, 회사 또는 단체가 고용하거나 그 처분에 맡기는 것을 금지한 경우에만 협약 적용에서 제외함을 의미한다. 즉 제소자의 근로여건이 공공기관에 의해서가 아닌 다른 방법으로 결정되는 것을 방지하기 위해 '공공기관의 관리 · 감독' 하에서 수행되어야 함을 명시하고 있다.

또한 '고용한', '처분에 맡기는'이라는 용어의 의미에 대해서 명확히 하고 있는데, '고용한'의 의미는 교도작업 과정에서의 대여시스템, 일반계약시스템, 특별계약시스템에 찾아볼 수 있다. 대여시스템은 도급업자는 재소자 사용 권리를 얻는 대가로 재소자에게 기숙사와 의복을 제공하며, 이들을 감시하고 일인당 급여를 지급함을 의미한다. 일반계약시스템은 국가가 재소자를 위한 건물, 필요한 장비를 제공하고 감시하며, 도급업자는 재소자에게 식사 및 원료와 도구를 제공하고 국가에 급여를 지급함을 의미한다. 특별계약시스템은 국가가 재소자를 위해 건물과 장비를 제공하며 교도소 전체 행정을 관리하고, 도급업자는 대리인을 교도소 내로 보내 작업을 지휘하고 급여를 제공함을 의미한다.

'처분에 맡기는'이라는 용어는 민간교도소를 운영하는 도급업자가 국가로부터 보조금을 받는 경우를 의미하고, 민간교도소 도급업자가 국가에 대가를 지불하는 경우는 '고용'에 해당된다고 규정하고 있다.

비상시의 강제노동이란 화재, 홍수, 지진, 전염병 등 인구전체나 일부의 생존이나 안녕을 위태롭게 할 수 있는 모든 상황 등 재해나 재해 위협이 있는 경우 또는 전쟁 시에 강요되는 작업이나 역무를 규정에서 제외함을 의미한다.

소규모 공동체 서비스는 공동체 구성원이 그 공동체의 직접적

이익을 위해 수행하고, 공동체 구성원의 통상적인 시민 의무로 간주될 수 있으며, 통상적인 직장업무 수행에 영향을 주지 않아야 하는 것을 의미한다. 즉 유지보수 업무 및 예외적인 경우 공동체 주민의 사회 여건을 개선하는 건물(소규모 학교, 의료상담실 및 치료실) 등의 건립과 관련된 것이어야 한다.

2) 강제노동철폐협약(제105호)

강제노동철폐협약(제105호)은 협약 제29조에 대한 개정이 아닌, 이를 보충하기 위해 마련되었다. 협약 제29호가 모든 형태의 강제 또는 의무노동의 전반적 폐지를 요구하는 내용인데 비해 협약 제105호는 해당 협약 1조에 열거된 5가지 구체적 경우에 있어서는 특히 어떤 형태의 강제노동이나 의무노동의 폐지를 요구하는 내용이다.

강제노동철폐협약(제105호)에서는 ① 정치적 강제나 교육 수단으로 또는 정치적 견해 또는 기존 정치, 사회, 경제제도에 사상적으로 반대하는 견해를 갖거나 표현한 것, ② 경제발전 목적의 노동력 동원 및 이용 수단, ③ 노동규율 수단, ④ ISO26000에 대한 처벌, ⑤ 인종・사회・민족・종교적 차별 수단으로서 강제노동이 이용되어서는 안 된다는 원칙을 제시하고 있다.

첫째, 정치적 강제나 교육 수단으로 또는 정치적 견해 또는 기존 정치, 사회, 경제제도에 사상적으로 반대하는 견해를 갖거나 표현한 것에 대한 처벌로써 강제 또는 의무노동 사용의 금지이다. 본 조항에 따라 보호되어야 할 활동에는 정치나 사상적 견해를 표현할 자유(구두 및 언론과 기타 통신매체에 의해 행사될 수 있는) 및 시민이 자신의 견해가 전파, 수용되고 이런 견해를 반영한 정책과 법이 채택되도록 하기 위해 사용하고 정치적 강제 조치의 영향을 받을 수 있는 결사와 집회의 권리 등 일반적으로 인정된 다양한 기타 권리가 포함된다. 단, 폭력을 사용, 선동하거나 폭력을 위한 준비행위에 참여하는 자에게 강제근로를 수반하는 처벌을 내리거나 또는 이런 종류의 범죄로 유죄 판결을 받은 자에게 사법적으로 제약을 부과하는 것을 금지하지는 않는다.

둘째, 경제발전 목적의 노동력 동원 및 이용 수단으로서 강제 또는 의무노동 사용 금지이다. 이는 일시적 또는 예외적인 경우 모두 해당된다고 할 수 있다. 또한 보편적으로 인정하는 인권에 대한 어떠한 예외도 발전이라는 명목으로 추구해서는 안 된다는 점을 강조하고 있다.

셋째, 노동규율 수단으로서 강제 또는 의무노동 금지이다. 협약이 금지하는 노동규율 수단으로 강제 또는 의무노동에는 두 종류가 있는데 법적 강제를 통해 노동자의 적절한 노동 수행을 보장하는 조치(물리적 제약 또는 처벌 위협의 형태)와 노동규율 위반에 대해 노동의무를 수반하는 처벌로 구분할 수 있다.

필수서비스 운영을 해치거나 위태롭게 하는 노동규율 위반 또는 안전에 필수적인 기능을 수행하거나 생명과 건강이 위험한 상황에서 범한 노동규율 위반에 대해서는 처벌이 가능하나 이런 경우에도 실제 위험이 존재해야 한다.

넷째, ISO26000에 대한 처벌로서 강제 또는 의무노동 금지이다. 그러나 파업과 관련하여 범한 공공질서 파괴행위(폭력행위, 폭행 또는 재산손괴)에 대한 처벌을 금지하지는 않는다. 공공서비스·필수서비스 등 파업권이 제한될 수 있는 상황에서 파업(결사의 자유 원칙에 제한되는 파업) 참가 시 강제노동 처벌은 가능하다.

마지막으로 인종·사회·민족·종교적 차별 수단으로 강제 또는 의무노동 금지이다. 이 규정은 생산과 서비스 목적으로 노동을 강제하는 데 있어서 인종, 사회, 민족 또는 종교를 이유로 한 모든 차별의 폐지를 의미하고, 특정 노동의 강요가 강제노동협약의 적용을 받지 않는 경우(예를 들어 의무병역)에도 위의 이유에 의한 모든 차별은 동 조항에 따라 폐지되어야 함을 의미한다.

3. 강제노동금지협약(제29호, 제105호) 비준 현황

2018년 7월 현재 강제노동금지협약은 중 제29호 협약은 178개국, 제105호 협약은 175개국이 비준하고 있다. 제29호(강제노동)협약 미비준 국가는 아프가니스탄, 브루나이, 중국, 대한민국, 마셜군도, 팔라우, 통가, 투발루, 미국 등 9개국이며, 제105호(강제노동철폐)협약은 브루나이, 중국, 일본, 대한민국, 라오스, 마셜군도, 미얀마, 팔라우, 동티모루, 통가, 투발루, 베트남 등 12개국이다.

<표 2-14> ILO 강제노동금지협약 비준 현황

강제노동 금지협약	협약 채택년도	비준 국가	미 비준 국가
第29호 강제노동 협약	1930	178개국	아프가니스탄, 브루나이, 중국, 대한민국, 마셜군도, 팔라우, 통가, 투발루, 미국(9개국)
제105호 강제노동 철폐 협약	1957	175개국	브루나이, 중국, 일본, 대한민국, 라오스, 마셜군도, 미얀마, 팔라우, 동티모르, 통가, 투발루, 베트남(12개국).

자료: ILO 홈페이지(www.ilo.org), 2022년 4월 기준

주: 제105호 폐기를 선언한 말레이시아(1990. 1. 10)와 싱가포르(1979. 4. 19)는 12개국 수치에 미포함

2000년 이후 강제노동금지협약 중에서 제29호를 비준한 국가는 총 28개국이며, 제105호를 비준한 국가는 총 29개국이다. 또한 2010년 이후 제29호를 비준한 국가는 캐나다(2011. 6. 13), 쿡 아일랜드(2015. 6. 12), 몰디브(2013. 1. 4), 남수단(2012. 4. 29) 등 4개국이며, 제105호를 비준한 국가는 쿡 아일랜드(2015. 6. 12), 말디베스(2013. 1. 4), 남수단(2012. 4. 29) 등 3개국이다.

2010년 이후 강제노동금지협약(제29호, 제105호) 모두를 비준

한 국가로 쿡 아일랜드(2015. 6. 12), 몰디브(2013. 1. 4), 남수단(2012. 4. 29) 등이 있으며 아시아 국가로는 몽골(2005. 3. 15), 네팔(제29호 2002.1. 3; 제105호 2007. 8. 30) 등이 있다.

4. 강제노동금지협약(제29호, 제105호) 미비준 국가 현황

2022년 4월 기준, 강제노동협약 중 제29호를 비준하지 않은 국가는 8개국이고, 105호를 비준하지 않은 국가는 11개국이다. 두 협약 모두를 비준하지 않은 국가는 브루나이, 중국, 마셜군도, 팔라우, 통가, 투발루 등 6개국에 불과하다.

<표 2-15> ILO 강제노동금지협약(29호, 105호) 미 비준 현황

국가	제29호	제105호	비고
아프가니스탄	×	○	1963. 5. 16 비준
브루나이	×	×	미 비준(2개)
중국	×	×	미 비준(2개)
일본	○	×	1932. 11. 21 비준
대한민국	○	×	2021. 4. 20. 비준
라오스	○	×	1932. 11. 21 비준
마셜군도	×	×	미 비준(2개)
미얀마	○	×	1955. 3. 4 비준

팔라우	×	×	미 비준(2개)
동티모르	○	×	2009. 6. 16. 비준
통가	×	×	미 비준(2개)
투발루	×	×	미 비준(2개)
미국	×	○	1991. 9. 25. 비준
베트남	○	○	2007. 3. 5/2020. 7. 14 비준
총 국가 수	8개국	11개 국가	

자료: ILO 홈페이지(www.ilo.org), 2022년 4월 기준

주요 OECD 국가 중에서 일본은 강제노동협약 제29호를 비준(1932. 11. 21)하고 강제노동철폐협약 제105호를 비준하지 않고 있고, 미국은 강제노동철폐협약 제105호를 비준(1991. 9. 25)하고 강제노동협약 제29호를 비준하지 않은 상태이다. OECD 국가 중 한국은 강제노동협약(제29호)을 2021년 2월에 비준하였지만 강제노동철폐협약(제105호)은 비준하지 않았다. 2021년 2월 전까지만 하더라도 제29호와 제105호 모두를 비준하지 않은 국가는 한국이 유일했다.

제3장

해외사례 분석

제 1 절

사례선택 근거

노동기본권의 보장과 실현은 경제적·사회적 불평등을 완화하여 민주주의 복지국가로 가기 위한 주춧돌이라는 주장(조경배, 2012: 10)은 그리 잘못된 이해는 아니라 할 수 있다. 따라서 노동운동과 노동조합 관련 법적, 제도적 개정은 민주주의의 안정적 구축을 위해 요구되는 핵심적 과제라 할만하다. 이를 위한 출발점으로서 ILO 기본협약에 대한 수용과 이행을 더욱 진지하게 고민하고 실천해야 할 시점이라는 데도 큰 이견은 있을 수 없다.

이를 위해 한국보다 먼저 관련 협약을 수용하고 비준하고 이행하고 있는 해외의 주요 국가들의 상황을 살펴보는 것은 한국의 경로 선택을 위해 필수적이라 할 수 있다. 우리나라 헌법 제6조 제1항에서는 외국 또는 국제사회와 체결·공포한 조약과 일반적으로 승인된 국제법규는 국내법과 같은 효력을 가진다고 명시하고 있다. 국제법규를 국내법과 같이 존중할 것을 헌법의 주요 원칙으로 천명하고 있다고 봐야 할 것이다. 그럼 ILO의 기본협약은 어떤 의미와 취지로 이해해야 할까? 다양한 해외사례들을 살펴보는 것은 다른 국가들이 ILO의 기본협약에 대한 이해와 수용, 이행 그리고 그 전반적인 과정을 둘러싸고 ILO와 소통하는 방식 등을 두루 살펴봄으로써 한국에 던지는 매우 현실적이면서도 규범적으로 타당한 시사점을 도출하기 위한 기대 때문이다.

미국 등 서구 선진국의 예를 들어 ILO의 강제노동 관련 협약에 대한 규범적 의무의 부담을 가질 필요가 없다는 일각의 주장도 존재한다. 그러나 불과 작년 초만 하더라도 강제노동 관련한 두 기본협약을 모두 비준하지 않은 국가, 즉 강제노동에 관한 협약을 전혀 비준하지 않은 국가가 OECD에서 한국이 유일했다는 사실은 한국의 국제적 위상과 국제규범에 대한 전반적 선도성을 고려할 때 그리 어울리지 않는 상황이었다고 할 수 있다.

아시아의 주요 국가들과 비교해 볼 때도 강제노동 기본협약 비준에 있어서 한국의 입장이 가장 준비되지 않았던 것으로 볼 만했다. 강제노동 기본협약과 관련하여 중국은 두 협약에 대해 이른 시간 안에 비준을 하겠다는 입장을 표명했고, 일본은 아직 비준하지 않은 105호에 대해 국내법과 규정 간의 일관성에 대해 더 많은 연구를 진행하면서 비준 가능성을 타진하겠다는 의사를 표현했다. 이에 비해 한국은 현재의 국내법이 협약과 완전하고 충분히 일치하지 않는다고만 언급했을 뿐, 비준에 대한 의지와 긍정적 전망을 보이지 않았던 것이 사실이다(ILO, 2018b: 7~8). 중국과 일본 심지어 미얀마 등도 자국이 어떻게 ILO의 강제노동 협약에 대한 전 국가적 인식을 제고하고 현실을 개선하기 위한 노력을 기울이고 있는지를 국가보고서에서 제시한 반면 한국은 법제도의 개선과 해석 상의 문제가 장애로 작동하고 있는 현실을 기술한 정도에 그쳤던 것이다.

이렇게 보면 강제노동 협약을 비준하지 않은 나라 중 '현행법과 협약 내용의 충돌'을 전면에 이유로 내세우고 있는 나라는 한국이 거의 유일한 국가이기도 했다. 물론 일본도 자국의 장애요인으로 법적 충돌을 언급하기는 했으나 여러 다른 나라들의 다양한 경험들을 연구하고 이를 공유하는 기술적 지원을 ILO에 요청한 것은 우리와의 차이라 할 수 있다. 우리가 작년에도 비준하지 못한 105호 협약을 이미 비준한 국가들이 자국의 국내법과 협약내용 간의 일치성을 어떻게 확보했는지에 대한 경험들을 공유해 달라는 지원 요청이었다. 일본 정부가 얼마나 실질적인 의지를 지니고 그 같은 요청을 했는지는 확신할 수 없으나 중요한 점은 타국의 사례들에 대한 연구를 통해 합리적인 비준 방안의 가능성을 도출하려는 노력을 보였다는 것은 인정할 수 있다.

물론 강제노동 협약 비준을 둘러싸고 냉정한 현실을 유념할 수밖에 없는 것이 한국에 요구되는 태도이기도 하다. ILO 기본협약에 대한 비준과 이행이 남기는 현실적 과제의 부담을 신중하게 고려할 수밖에 없는 것이 현실인 것이다. 이런 이유로 해외의 다양한 국가들의 상황을 다양한 각도에서 바라보는 다양한 이해의 접근이 필요하다.

이 연구에서는 해외사례 분석을 위해 각국의 입법적 특성과 민주주의 성숙도, 비준연도와 비준상황 등을 두루 고려하였다.

또한 ILO 기본협약 비준 이후, 한국의 대응에 의미 있는 시사점을 제공하는 사례를 선택하였다.

강제노동 협약 제29호는 2차 세계대전 이전의 비준이 대부분인 반면 제105호는 최근의 비준 경향이 관측된다. 동남아시아나 개발도상국들의 경우 유럽연합 무역조건 등을 위해 근래에 집중적으로 강제노동 관련 협약의 비준이 이루어진 것을 볼 수 있다. 동시에 흥미롭게도 서구 민주주의 국가들에서는 오히려 제105호 협약은 예전에 비준을 완료한 반면 제29호 협약 비준은 미뤄오다가 최근 들어 비준이 이루어지고 있다. 예컨대, 캐나다가 여기에 해당되는 국가로서 수감자에 대한 강제노동을 금지하는 제105호 협약은 일찌감치 비준을 완료한 반면, 강제노동 전반에 대한 포괄적 금지를 규정한 제29호 협약은 지난 2011년에 이르러서야 비준을 완료했다.

이 같은 국제사회의 흥미로운 양상을 고려하여 이 연구는 크게 두 가지 유형으로의 구분이 가능하다고 판단하고 이를 해외사례에 대한 분석의 기준으로 삼았다. 하나는 캐나다를 비롯해 서구 민주주의 국가들의 경험을 검토하는 것으로서 국제사회의 선도적 국가로 당당하게 자리매김한 한국의 상황에 교훈이 될 만한 시사점을 도출할 수 있을 것으로 기대했다. 다른 하나는 개발도상의 과정에 있는 국가들, 특히 인도를 비롯하여 아시아 국가들 중에서 강제노동 협약을 이미 비준한 국가들이 그 이후의 상황에 어떻게 대처하고 있는지를 검토함으로써 한국에도 고려할 만한 현실적 시사점을 얻을 수 있을 것으로 기대했다.

제 2 절

해외 국가 비준 사례

1. 캐나다와 ILO 강제노동 협약

캐나다는 강제노동 관련협약 중에서 1959년에 제105호 협약을 먼저 비준했고 2011년에 제29호 협약을 비준했다. 제105호 협약이 제29호 협약의 보충적 성격을 갖는 협약임에도 제29호보다 제105호 협약을 먼저 비준한 이유를 이해할 필요가 있다. 이는 제105호 협약은 비준했으나 제29호 협약비준은 약속하고 있지 않은 미국의 상황을 이해하는 데도 도움이 될 것이다.

캐나다는 강제노동에 대한 협약을 모두 비준했지만 그들의 노동법전에서는 강제노동 철폐와 관련한 직접적 규정을 두고 있지는 않다. 강제노동과 관련해서 차별철폐, 아동노동의 근절 등의 규정을 통하여 간접적으로 규제하는 방식을 취하고 있다. 따라서 캐나다는 강제노동 철폐와 관련한 직접적 규정을 두고 있지 않더라도 자국의 다른 법 조항들의 적용과 국제법의 인정 등을 통해 ILO의 강제노동 협약을 이행할 수 있는 여건을 어느 정도 마련해 두었다고 볼 수 있다. 이런 이유로 강제노동과 관련하여 법적, 제도적 차원에서 캐나다는 비준 과정에 큰 장애가 되는 요소가 존재하지 않았다고 판단할 수 있다.

그렇다면 앞에서 기술한 것처럼 캐나다와 미국 등 서구 민주주의 시스템의 선도적 국가라고 할 수 있는 나라에서 강제노동 협약 비준과 관련해서 왜 보충적 성격의 제105호 협약에 대한 비준이 일반적 원리 성격의 제29호보다 먼저 이루어졌을까? 그리고 왜 미국은 여전히 제29호 협약에 대한 비준을 분명하게 약속하지 못하는 것일까?

흥미롭게도 지난 2002년 제90차 ILO 연례회의에서 미국의 제105호 협약 위반과 관련된 이슈를 다룬 적이 있다. 다른 서구 민주주의 국가들에 비해 ILO 협약 비준률이 낮은 편인 미국이 그나마 비준을 완료한 몇 안 되는 협약 중의 하나가 제105호 강제노동 철폐이다. 우선 2002년 당해 ILO 연례회의에서 미국이 이미 비준한 제105호 협약에 위반되는 상황에 대한 논의를 다루었다는 것도 흥미롭지만 우선 그보다 왜 미국이 제105호 협약은 비준했음에도 제29호 협약에 대해서는 소극적인가에 대한 질문이 먼저 제기된다. 가장 간결하면서도 핵심적인 답은 제105호 협약은 5가지 특정 경우에 대해서만 강제노동을 폐지해야 한다고 규정했지만 제29호는 원칙적으로 모든 형태의 강제노동에 대한 폐지를 촉구하기 때문이다(Germanotta, 2003: 82). 이는 캐나다에 대한 설명에서도 유사하게 적용된다고 할 수 있다.

즉 미국과 캐나다는 제105호에서 규정하는 5가지 경우에 대한 강제노동 철폐는 법적, 제도적으로 ILO의 규정에 부합되어 운영이 가능하다는 판단에 따라 이에 대한 비준이 이루어진 반면, 제29호 협약의 규정을 준수하기 위해 요구되는 의무사항들을 현실적으로 수용하는 것은 어렵기 때문이다. 가장 대표적인 어려움 중의 하나가 세계에서 가장 많은 민영교도소를 운영하고 있는 미국의 현 교도 시스템이다. 캐나다는 2000년대 중반에 이르러 기존의 민영교도소 제도를 폐지함으로써 이에 대한 부담에서 벗어났고 이것이 제29호 협약 비준을 가능하게 만든 요인으로 볼 수 있으나 미국의 경우에는 이는 매우 요원한 상황이다. 민영교도소의 일상적 운영과 그 안에서의 강제노동의 동원은 ILO의 제29호 협약의 핵심적 규정사항에 정면으로 배치된다. 이같이 매우 직접적이고 전면적으로 ILO의 규정과 충돌하는 상황에서 관련 협약의 비준을 진행하는 것은 큰 부담이 될 것이다.

반면 제105호 협약 비준은 상대적으로 부담이 적다. 왜냐하면 구체적으로 적시된 5가지 경우에 있어서의 강제노동을 부과하는 방식을 폐지하거나 억제하는 것으로 준수가 가능하기 때문이다. 물론 제29호와 별개로 존재하는 것이 아니라 그것을 보완 또는 보충하는 의미로서 기본적으로 재29호도 준수해야 한다는 규범적 제약을 가하는 것으로 인식되지만 실질적으로는 105호의 내용만을 준수하는 정도에 한정되면 심각한 제재를 받지 않기 때문이다.

이처럼 서구 민주주의 국가들조차 자국의 법적, 제도적 현황을 고려하여 ILO의 규정에 부합 가능한 범위의 협약들을 선택적으로 비준하는 것은 낯선 현상이 아니다. 이는 한국에도 시사하는 바가 있다. 즉 강제노동 금지와 관련해서 한국의 법적, 제도적 현황을 고려하여 선택적인 비준을 고려할 수 있다는 의미이다. 또한, 한국의 상황이 미국처럼 ILO의 기본협약의 규정사항에 정면으로 배치되는 위반행위를 지속적으로 야기하고 있는지에 대한 검토도 필요하다. ILO가 보기에 직접적이고 명백한 위반행위로 판정하기 어려운 상황에 대해서는 해당국들과 짧지 않은 기간 동안 협의에 가까운 논의를 진행하는 경우가 많다는 것도 고려해야 한다.

작년(2021년) 2월에 국회에서 강제노동 금지 일반적 원리사항인 제29호가 비준될 수 있었던 것도 결국은 한국의 상황과 여건이 이후 ILO와의 지속적 논의와 협의를 통해서 중장기적 관점에서 결론을 찾아나가는 방식이 가능하다고 판단했기 때문일 것이다. 그간 국내의 법제도에 대한 거의 완벽한 대응체제로의 수정과 정비가 이루어지지 않은 상태에서 이들 협약의 비준이 이루어질 경우, 한국에 엄청난 부담이 될 것이라는 반대의 목소리가 다소 허망하게 느껴지는 지점이기도 하다.

2. 서구 민주주의 국가들의 제29호 및 제105호 협약 비준

1) 병역과 대체복무 제도의 문제

(1) 캐나다

병역은 우리나라 헌법에 규정된 국민으로서의 필수적 의무를 이행하는 것이므로 원칙적으로 강제노동은 아니다. ILO는 제29호 협약에서 모든 형태의 강제노동을 금지하고 있지만(제1조 제1항) 순수한 국방의 목적을 위한 군사적 복무는 강제노동으로 보지 않는다. 문제가 되는 사항은 국방의 목적을 위해 의무적으로 소집된 인력들을 군사적 업무가 아닌 다른 영역으로의 대체복무에 종사하도록 만드는 데 있다. ILO는 그와 같은 대체복무는 대부분 국방의 목적과 군사적 업무가 아닌 것으로 보기 때문이다. 병역복무와 유사한 성격으로 볼 수 있는 범주도 존재하나(예컨대 전투경찰) 대부분의 대체복무는 국방을 위한 순수한 군사적 역할과는 관련성이 없어 보이는 것도 사실이다. 강제적으로 소집되어 정해진 기간 동안 강제적으로 노동을 수행한다는 점에서 ILO가 금지하고 있는 강제노동 협약 상의 위반사항이라는 문제제기가 가능하다는 주장도 일리가 있다.

캐나다는 국민개병제가 아닌 직업군인제도를 채택하고 있기 때문에 병역과 관련된 강제노동의 문제로부터는 자유롭다고 할 수 있다. 캐나다의 군인은 연방공무원에 속하며 크게 정규군(Regular Force)와 예비군(Reserved Force)으로 나누어진다. 정규군은 전업 직업군인이고, 예비군은 파트타임 직업군이다. 캐나다 군인은 직업으로서 다른 나라의 군인에 비해 우수한 복지제도의 수혜를 받는 것으로 유명하다. 정규군의 월급은 약 3만 캐나다 달러에서 시작하여 계급 승급에 따라 올라가며 추가로 의료혜택, 학비지원 등의 여러 혜택을 제공받는다. 특히 우리나라와 다른 점은 캐나다의 군인은 정규군이라 할지라도 전투부대원으로서 실제 전장에 나가거나 야전의 전투훈련에 참가하는 것이 아니라면 대부분 집에서 출퇴근을 하면서 자신의 사생활을 충분히 누릴 수 있다는 것이다.

캐나다의 이 같은 병역제도의 운용에 따라 ILO의 시각에서 병역을 둘러싼 강제노동의 문제가 불거질 여지는 크게 없었다. 캐나다의 군인들도 국내 및 UN, NATO 등과 연계된 국제작전 등 순수한 군사적 업무 외에 산불, 홍수, 조난 구조 등의 부가적인 임무도 수행한다. 그러나 이는 공익적 차원에서 필수불가결하게 수행해야 하는 업무로 인정받는 범주이므로 ILO의 입장에서도 문제로 삼을 항목은 아니다. 제29호 협약 사항에서도 (제2조 제1항 (e)) 전쟁 외에도 화재, 홍수, 기근, 지진, 중대 전염병 등 국민의 생존과 안녕을 위협하는 긴급한 사정에 대해서는 강제노동의 동원이 가능한 예외적 상황으로 인정하고 있으므로 특히 의무병역인력을 통한 이 같은 노동의 수행은 협약에 위반되지 않는다.

ILO의 제29호 협약이 채택된 1930년 당시는 병역복무 의무가 있는 인력에 대해 군대에 배치하지 않고 다른 여타의 목적, 특히 공공노동을 위해 소집할 수도 있는 상황이었다. 이에 대해 ILO는 제29호 협약을 통해 병역의무를 부과받은 인력에 대해 공공의 목적이라 할지라도 강제적으로 노동에 동원한다거나 특히 공공목적이 아닌 민간부분(private sector)의 목적을 위해 동원되는 노동을 금지해야 한다는 기준을 수립했다. 의무로서의 병역복무는 국방의 목적을 위한 순수한 군사적 업무에만 국한되어야 하며 여타의 다른 목적을 위해 강제적인 노동의 의무를 부과하는 것은 정당하지 않다는 선언이었다. 이 같은 제29호의 규정을 고려할 때, 적어도 캐나다의 병역제도와 연관되어 심각한 문제가 발생할 소지가 없었고 따라서 제29호 협약의 비준에 있어서 병역제도는 캐나다에 중요한 고려사항이 될 필요가 없었다.

이는 제105호 협약의 비준을 둘러싸고도 같은 설명이 가능하다. 제105호 협약은 특히 5가지의 구체적인 영역에 대한 강제노동의 폐지를 규정한 사항으로서 병역의 문제와 관련하여 캐나다가 심각한 고민을 할 사항이 아니었다. 결론적으로 병역과 관련된 캐나다의 제도적 현황과 사회적 상황은 ILO의 제29호와 제105호 협약의 비준에 있어서 장애요인이 되지 않았다는 설명이 가능하다.

(2) 독일, 이집트 및 기타 국가

그러면 다른 서구 민주주의 국가들의 경우를 살펴보자. 국민개병제를 통해 국민의 의무로 규정한 국가들에서도 군사적 목적의 업무 대신 다른 성격의 업무에 종사시키는 대체복무제도를 두고 있는 경우가 있다. 우리나라의 공익근무요원 제도가 특히 문제의 소지가 될 수 있는 제도이다. 때문에 이 같은 맥락에서 해외 사례를 살펴볼 필요가 있다. 공익근무요원 제도는 병역의 의무를 대신하는 노동의 복무로서 국방의 목적이 아닌 비군사적인 노동을 수행한다는 점에서 ILO의 강제노동 관련 협약에 위반되는 사항으로의 문제제기가 가능하기 때문이다.

우리나라에 있어서도 병역제도와 관련하여 가장 큰 이슈가 되고 있는 사항이 대체복무제도이다. 대체복무제도는 병역의무를 직접 이행하지 않고 다른 영역에서 다른 방식으로 병역의무를 대체하여 이행을 강제하고 병역의무가 아닌 다른 종류의 노동이행을 거부하는 경우에는 법적 제재를 가하는 방식으로 사실상 강제노동을 부과하는 것으로 볼 수 있기 때문이다. 따라서 대체복무제도에 대한 딜레마를 어떻게 해결할 것인지가 중요한 이슈이다. 현실적으로 한국의 대체복무제도의 핵심인 공익근무요원제도의 경우, 남는 병역자원을 효과적으로 해소하려는 목적으로 활용하는 것이라는 주장이 가능하나 이들이 공익의 목적이 아닌 사적 이익의 창출에 동원되는 것으로 보인다는 것이 ILO의 시각에서 가장 큰 문제가 되고 있다.

ILO는 대체복무라 하더라도 몇 가지 경우에 한해서 협약위반에 해당되지 않는 예시들을 제시해 왔다. 예를 들어, 전문직업인의 대체복무 선택을 인정하는 것, 직무의 계속 수행을 위한 병역면제의 효과를 부여하는 것, 양심적 병역거부자의 대체복무 허용 등이 그것이다. 이처럼 국민개병제를 택하여 병역의무를 부과하더라도 ILO의 협약위반 사항으로 지적받지 않을 여지도 있다. 또한 적지 않은 국가에서 병역의무를 대체하여 다른 종류의 비군사적 노동에 종사시키는 제도를 채택, 운용하고 있기도 하다.

이 같은 문제에 대한 타당한 대응방안의 모색을 위해 병역의

의무와 함께 대체복무제도를 운용하거나 운용했던 국가들의 상황을 살펴보는 것이 도움이 될 것이다.

■ 독일

독일은 2011년 당시 정부의 병역의무제도가 더 이상 요구되지 않는다는 정치적 결단으로 55년 만에 징집 제도를 폐지했다. 2011년 군징집 제도를 폐지 이전까지는 모든 독일의 청년들이 군대(Bundeswehr)에 복무할 의무가 있었다. 군대에 복무하지 않는 경우에는 일정 기간 동안 국가비상사태 관리 혹은 의료활동과 같은 민간분야에서 대체복무를 수행해야 했다. 현재 독일군대는 직업 군인과 장기계약 병사로 구성된 경우가 대부분이나 젊은 청년들 대상으로 단기간의 급료를 제공하여 병역에 종사케 하는 제도도 함께 운용하고 있다. 물론 정치권에서는 보수정당을 중심으로 일각에서는 의무병역제도로의 회귀를 주장하는 목소리도 표출되면서 이에 대한 논의에 불을 붙이려는 시도도 계속되고 있기는 하다.

어쨌든 지금 시점에서는 독일은 병역제도와 관련하여 ILO의 강제노동 협약과 심각하게 충돌하는 이슈가 발생하지 않고 있다. 그렇지만 2011년 전까지는 병역의무에 따른 대체복무제도가 존재했으므로 당시의 상황을 이해하는 것은 우리나라의 향후 경로를 위해서 유용할 것이다. 또한 독일은 과거에 분단국가로서 현재의 한반도 상황과 비슷하게 국가안보에 대한 항시적인 위기

감을 갖고 있었으면서도 국제사회의 선도국가로서의 위상을 보유했다는 점에서 한국에도 실질적으로 도움이 되는 시사점을 제공할 수 있다.

독일은 2011년까지 병역의무제 국가였지만 그 당시에도 양심의 이유로 병역을 거부할 수 있었다. 1949년 제정된 독일 기본헌법은 2차 세계대전 이후 전 세계적인 평화의 물결 분위기 속에서 전쟁을 거부할 권리를 개인에게 부여했다. 병역을 거부하는 사람들은 '국민봉사'(National Service), 민방위(Civil Defence) 등 일종의 민간 봉사활동을 수행해야 하는데 이 같은 봉사활동을 병역의 대체복무로 인정했던 것이다.

당시 독일에서 병역의 의무를 거부하여 그 권리를 인정받은 사람은 민간봉사기관으로 인정된 곳에서 노동하는 것으로서 대체복무를 수행했다. 대체복무법은 병역 거부자로 인정된 자를 위하여 군 복무에 갈음하는 몇 가지 제도를 시행했는데 가장 전형적인 것이 이른바 대체복무이다. 대체복무에서 인정된 병역거부자는 우선적으로 사회적 영역에서 공익에 기여하는 업무를 이행한다는 규정이 존재했다.

병역거부자는 우선 병역거부의 이유로서 신청인의 양심의 결정에 대한 근거를 설명해야 하는데 폭력에 대한 거부, 종교적 이유 등을 비롯해서 매우 개인적인 수준의 경험으로 인한 이유도 병역거부의 신청근거로 인정되기도 했다. 복무의 상당 부분은 병원, 요양원 등 사회복시지설에서 이루어졌는데 이처럼 도움이 필요한 국민들에게 보살핌과 간호를 제공하면서 급박한 상황을 예방하고 대처하는 활동으로서 대체복무를 이해하고 수용했다.

대체복무도 국가의 강제로 이해하기 때문에 드물지만 병역 거부자로 인정된 자 중에서 대체복무를 거부하는 경우도 있었다. 대체복무법은 이같은 완전 거부자를 위하여 1969년에 '자발근로'를 도입하여 스스로 적절한 봉사활동을 선택하여 수행하도록 하였다. 이 경우 자발적 근로제는 병원이나 요양원 같은 곳에서 대체복무보다 최소한 1년 이상 추가로 근무할 것을 요구했다.

병역의무제가 폐지되기 전인 2007년경의 상황을 되돌아보면 대부분의 병역 거부 신청이 받아들여졌다. 1960년대 이후 독일은 계속해서 40만 명 이상의 군 병력을 유지하였으나 2000년대 들어서면서 25만 명으로 감축하였고, 전체 독일군 규모와 의무복무자 규모를 적정선에서 유지하도록 하는 정원 정책에 의해 군 복무자, 대체복무자를 포함한 기타 방식의 복무자, 복무 면제자의 비율이 각각 13%, 32%, 55%의 수준에 이르렀다(이재승, 2007: 5~6).

독일은 1949년 기본헌법 기본권 부분의 제4조 제3항에서 "누구도 양심에 반하여 집총 병역이 강제되지 아니한다"고 규정했고 이와 관련한 법률을 1960년에 제정했다. 독일이 강제노동 관련 협약 중 제29호는 1956년에, 제105호는 1959년에 비준하였다. ILO는 강제노동에 처하지 않고 더 유리한 조건이나 지위를 인정하는 제도를 헌장 상에서 수용하고 있기 때문에 독일이 병역거부자들에 대한 일방적인 처벌을 집행하지 않고 대체복무를 허용하는 것에 대해서는 강제노동 협약을 위반한 것이 아니라고 판단하고 이에 대한 문제제기를 한 적이 없었다.

결론적으로 독일은 2차 세계대전 종전과 함께 평화주의를 반영하여 기본헌법 상에서 국가명령에 대한 개인의 양심적 거부 가능성을 열어놓았고 인간의 가치와 기본권을 존중하는 방식으로 그 정신을 이어받아 대체복무법을 제정하여 강제노동의 폐지라는 인간적 가치를 존중하는 태도를 보여 왔다. 물론 대체복무제도가 사회적으로 안착되고 수용되면서 병역의무 대신에 이를 신청하는 숫자가 지속적으로 늘어난 것에 대한 비판적 지적도 있었다. 그러나 그것은 독일 사회가 사회적 협의와 운용 상의 대처를 통해 해결해야 하는 국내 문제이지 ILO가 관여해야 하는 국제적 문제는 아니다. 한국에서도 대체복무제도가 폭넓게 허용되는 제도로 채택된다면 이 같은 우려의 목소리가 표출될 것으로 예상된다. 그러나 독일의 예에서 본 것처럼, 이는 국내적으로 사회적 논의를 통해 해소하는 국내적 문제로서 ILO 협약의 비준 및 이행 관련하여 심각한 문제를 일으킬 사항은 아니라고 판단된다.

■ 이집트

이집트는 "병역 및 국가봉사 법률(military and national service act)"에 의한 규정에 따라 징병제를 채택하고 있다. 병역이행 경로는 한국과 유사하게 군복무 및 대체복무로 구분되며, 대체복무 분야는 국립경찰, 교도소 경비, 방위산업체 등이다(정주성 · 안석기, 2013: 2)

이집트의 18~30세 남성은 병역 의무를 부과받아 기본적으로 국방의 역할을 수행하지만 경우에 따라 다른 방식의 대체복무를 수행할 수 있다. 이집트 여성에 대한 국방의 의무는 명확히 규정되어 있지 않은 것으로 보인다. 1970년대 제정된 법령으로는 원칙적으로는 남녀 모두에게 의무가 부과되는 것으로 보였으나 지난 2017년 1월, 이집트 내각의 공식적인 발표에 따르면, "여성들이 반드시 군대에 소집되어 의무를 다해야 한다는 결정을 한 적은 없다"고 한다(IAGCI, 2017: 13~14). 병역제도를 둘러싼 이집트 사회의 혼란과 부정부패 문제와 더불어 남녀 간의 국방의 의무 수행에 대한 법제도 시스템 자체가 명확한 기준 하에 일관되게 운영되지 않는 현실을 보여주는 장면이라 할 수 있다(아시아기자협회 웹사이트, 2018).

병역기피자에 대해서는 사안의 경중에 따라 최고 징역 1년까지 처벌하도록 되어 있다. 이중국적자 및 독자, 생계곤란자 등에 대해서는 병역을 면제하는 제도를 두고 있으나 종교적 병역거부자에 대해서는 원칙적으로 병역면제 또는 대체복무 제도를 두고 있지 않다. 이집트 병역제도는 프랑스의 영향을 받은 측면도 있지만, 통치자들이 전쟁 위협 및 중앙정부의 행정 장악력을 제고하고자 징병제를 채택하였다. 그러나 상위 계층의 저항으로 병역제도의 운영에 어려움을 겪고 있으며, 병역 비리 및 기피 풍조가 만연하고 있는 상태이다(정주성 · 안석기, 2013: 3).

징병제 하에서 순수 군사적 차원의 영역 외에 경찰, 군대의 사업장에도 배치될 수 있다. 헌법은 징병제를 의무화하고 있지만, 다양한 방식의 복무방식도 규정하고 있다. 일반적인 예가 경찰, 교도관, 또는 군대가 운영하는 경제관련 기관에서의 근무이다(Global Security, 2013). 예를 들어, 일부 병역인력들은 정부 소유의 슈퍼마켓에 물품을 공급하는 공장에서 일하기도 한다. 그러면 이런 방식의 대체복무는 어떻게 운영되는 것일까? 가장 중요한 역할은 '국가 서비스 프로젝트 기구'(NSPO: National Service Project Organization)의 관리이다.

이집트는 이스라엘과 평화조약을 체결한 후 군대를 국가경제의 근간으로 활용하기 위한 담당기관으로 NSPO를 설립하여 군대가 이익을 창출하기 위해 관장하는 생산사업을 담당하게 하였다. NSPO는 군대의 전투 효율성을 유지하기 위한 관련 물품의 생산뿐만 아니라 국가의 포괄적인 개발계획을 수행하고 거기에 관여하는 것을 목적으로 1979년에 설립되었다. 이집트의 국가상황과 개발과정의 특성 상, 군대의 물품을 자급자족하기 위한 목적의 군수물자 생산에서 크게 더 나아가 이집트 국내경제에 직접적으로 관여하는 민수물자의 생산을 통해 막강한 경제적 영향력을 행사하는 기관이 되었다. 그 산하에 다양한 영역에서 거대한 규모의 기업조직을 직접 설립하여 운영함으로써 그 경제적 영향력을 더욱 확대하고 있다.

NSPO는 1979년 설립된 이후 아래처럼 지속적으로 다양한 영역으로 관여범위를 확장하면서 해당 부문의 거대 기업조직을 직접 창설하여 이집트 경제의 가장 강력한 이해관계자로 성장했다(NSPO 홈페이지, 2022).

1986 - 계란 생산 복합공장 (Egg Production Complex)

1988 - 서비스 유지관리 회사 (El-Nasr company for services & maintenance)

1993 - 국영석유회사 (The National Company for petroleum)

1993 - 플라스틱 롤 공장 (Plastic Rolls factory)

1994 - 건설종합자재 (National Co. for General Construction & supplies)

1996 - 생수회사 (National Co. for Natural Water in Siwa (SAFI))

1996 - 식품산업회사 (National Co. for Food Industry in Rafah)

1998 - 농업/토지개간 (Agricultural industry & land Reclamation)

1999 - 농업토지개관 (National Company for Land Reclamation & agriculture)

2002 - 도로건설개발 (Roads building and development)

2012 - 시멘트 회사 (El-Areesh company for cement)

2013 - 마카로니 회사 (Queen Company for Macaroni)

2014 - 어업/수산업 국영회사 (National Company for Fishery and Aquaculture)

2015 - 냉동운송 (National Company for Refrigerating & Transportation)

2015 - 배터리 국영회사 (National Company for Batteries)

2016 - 이집트 흑사(黑沙) 회사 (Egyptian Black Sand Company)

NSPO의 운영 목적은 다음과 같은 세 가지로 천명하고 있다. 1) 군대에 필요한 물품의 자급자족 달성. 2) 국내시장에 상품 제공. 3) 다양한 전문화 및 과학적 자격을 갖춘 젊은이들을 위해 NSPO 산하 회사에 취업 기회를 제공하고, 모든 분야에서의 전문화된 직업을 창출하기 위한 청년 대상 훈련.

이를 통해 확인되는 것처럼 NSPO는 단순한 군대의 효율적인 운영을 위해서뿐만 아니라 이집트 국내경제에 직접적으로 개입, 관여하면서 오히려 자국경제를 리드하기 위한 목적을 분명히 하고 있다.

NSPO는 독립적으로 존재하는 총괄적 운영기관으로서 군수물자 및 민간물자 등 영역에 제한 없이 산하에 신설한 기업조직체들을 통해 경제활동을 직접 관장하는 지주회사 성격을 띠고 있다. 실질적으로는 군이 소유하고 있는 기관으로서 징병제도를 관장하는 군부에 의해 관리되는 병역인력들을 필요에 따라 수급받아 여러 생산단위에 배치하여 경제활동에 투여하는 방식으로 진행된다고 볼 수 있다.

이집트 군이 소유하고 운영하는 산업생산 단위들은 이집트 경제의 강력한 힘이 되어왔다는 것은 잘 알려진 사실이다. 군부의 사업활동은 생수나 가구와 같은 기본적인 생활물품 제조에서 시작하여 이제는 거대한 인프라, 에너지, 기술 프로젝트 등으로 확대되고 있다. 군과 그 소유 기업들은 대통령이나 실세 정치인들과도 경제정책 입안을 놓고 암투를 벌일 만큼 이집트 경제에서 차지하는 영향력이 막강하다.

그럼에도 그들의 이익창출 수준과 실질적인 운영의 현황 등은 공개된 적이 없다. 이집트 군부가 경제에 미치는 영향에 대해 많은 것이 아직은 알려져지지 않은 것이다. 이집트 군부의 예산은 비밀이며, 그 산업은 감사받지 않으며 과세도 없다. NSPO의 내부 운영 메커니즘과 군부와의 실질적인 업무관계에 대한 정보 역시 불명확하며 투명하게 공개된 것이 없기 때문에 이집트 병역제도의 운용과 관련하여 그 실상을 정확히 알기는 어렵다(The Guardian, 2014년 3월 18일자 보도). 따라서 지금까지 외부로 드러나고 면밀히 관찰된 현상들을 갖고 추론을 더하는 수밖에 없다.

이집트 정부는 군부와 NSPO의 협업 관계를 통해 군대의 역량을 사업적 이익을 창출하는 데 동원하는 것이 군사력 하락에도 영향을 미치지 않는다고 판단하고 군수물자 외에도 다양한 민수물자를 생산하는 데 군대의 인력을 활용한 것이다. 이는 전형적으로 병역의무를 수행하기 위해 징집된 인력을 비군사적인 영역, 공공의 목적에도 부합되지 않는 노동에 종사하도록 하는 것이었다. 이 같은 국가개발 사업에 군대를 동원하여 강제적으로 노동을 제공하도록 하는 것은 ILO의 강제노동 협약을 명백히 위반하는 것이었다. ILO 전문가위원회에서 이를 제29호 협약 위반으로 판단하기도 했다.

ILO의 협약준수 요구에 따라 이집트 정부가 어떤 노력을 기울이고 있는지를 설명한 정부 보고서를 통해 ILO와 지속적인 협의를 해나가고 있다는 점이 한국에는 더 중요한 시사점일 수 있다.[1] 예를 들어, ILO 전문가위원회는 이집트의 '일반 (시민) 의무복무'와 관련하여 1973년 제정된 관련 법령 76조 1항을 수년 동안 지적했다. 그 법령에 따르면, 이집트의 청년(남성과 여성 모두 포함) 중에서 학업을 마쳤으며 군대의 요구보다 초과하는 잉여의 인력들은 지방, 도시 등의 농업 및 소비자 협동조합, 공장의 생산단위 등에서의 작업에 배치될 수 있다. 위원회는 이 조항들이 현재의 협약, 즉 제105호와 양립할 수 없다고 판단했다. 강제노동의 형태를 통해 경제발전의 목적을 달성하기 위한 제도라고 보았기 때문이다.

이에 대해 이집트 정부는 해당 법령에 대한 개정 초안이 준비되었고 지체 없이 의회에 제출하기 위해 노동부 내의 입법위원회에 의해 검토가 이루어지고 있다고 설명했다. 또한 이집트 정부는 시민적 의무복무 서비스에 참여를 거부하거나 소극적 태도를 보이는 대상에 대해서도 제재조치를 취하고 있지 않다고 주장하면서 실제로는 ILO 협약을 위반하지 않고 있다고 밝혔다.

이는 지난 2018년 제107차 ILO 세션에서 보고된 내용으로서 그 후에 이집트가 실제 법제도적으로 얼마나 ILO 협약의 내용에 부합되는 진전을 이루었는지를 확인하기는 어렵다. 이 확인을 위해 가장 최근의 ILO 보고서인 2022년도 보고서를 보면 이집트의 입장과 상황이 어떠한지 가늠할 수 있다. 핵심은 이집트의 상황이 지난 2018년에서 2021년 사이에 실질적인 변화가 있었

1) 이와 관련하여 자세한 내용은 ILO(2018a: 195~197)을 참조하라.

다고 보기는 어렵다는 점이다. ILO 전문가위원회는 이집트의 연례보고서 평가에서 이집트 정부가 제29호 협약과 일치하는 법률 개정안 초안이 마무리 단계에 있다는 이집트 정부의 설명에 주목한다고 언급하면서 이후의 바람직한 변화를 기대하는 내용을 기재했다(ILO, 2022).

이집트 정부가 법 개정을 통해 청소년들의 사회봉사 참여가 자발적으로 이루어지도록 보장하고 그들의 권리가 완전히 보호되기 위해 노력할 것이라는 계획 등을 명시한 것에 대해 기술해 놓은 수준이다. 물론 제29호 협약 관련 국가상황 정리내용의 뒷부분에서 ILO 전문가위원회는 이집트 정부의 1973년 법률 No.76의 즉각적 수정 조치를 촉구한다는 메시지와 함께 정보의 부재에 심각하게 주목하면서 연간 기준으로 강제노동 서비스를 수행한 사람의 숫자 및 실제로 해당 법률의 적용에 관한 정보를 제공할 것으로 요청한다는 내용과 함께 마무리 하고 있다(ILO, 2022).

그러나 이는 이집트 정부로 하여금 강제의 부담을 실질적으로 이끌어 낼 수 있을 정도의 언급은 아니다. ILO와 이집트 정부 사이의 줄다리기는 (고작 법률 개정안 하나를 놓고서도 2018년과 2022년 사이에 실질적 변화가 없다는 점을 고려하면) 한국 정부의 비준 이후에도 국내 법제도 개정과 수정의 과정에서 우리가 고려할 수 있는 전략적·전술적 시사점이 될 수 있다.

이집트뿐만 아니라 여러 서구 민주주의 국가들의 상황과 관련하여 ILO의 지적과 해당국가 정부 간의 현황 공유 및 협의가 오랜 기간에 걸쳐 이루어지는 장면들은 어렵지 않게 관측된다. 다시 말해 어떤 국가든 ILO의 기준에 완벽하게 부합되는 법제도를 이미 갖추고 있어서 ILO 협약의 비준과 이행이 이루어졌다기보다는 각 국가의 특수한 상황에 맞춰 구체적이고 특화된 내용의 협의와 진전이 지속적으로 이루어지고 있는 것으로 이해하는 것이 더 타당해 보인다.

■ 기타 국가

병무청 자료에 따르면 징병제를 택한 59개국 중 20여개의 나라가 양심적 병역거부에 대한 대체복무제를 도입하고 있다. 1998년 UN 인권위원회는 "양심적 병역거부의 취지에 부합하는 대체복무를 도입하되 징벌적 성격이 아닌 비전투적 성격이어야 하고 공익적이어야 한다"고 결의한 바 있다. 여러 국제협약이 인정하는 방식은 병원이나 요양기관 등 공공복지·사회복지 분야 등에 대체복무자를 투입하는 방식이다.

예를 들어, 이탈리아(2004년 징병제 폐지)는 문화유산을 보호하거나 재난 발생 시 긴급 대처가 필요한 분야 등에 대체복무자를 투입하기도 했다. 그러나 전쟁이 일어나는 경우에는 민간인 보호업무나 적십자 활동에 배정하는 것도 역시 가능했다. 그리스는 우체국이나 법원 등 행정기관에서 근무하기도 한다. 스위스 역시 징병제도 하에서의 다른 성격의 대체복무를 시행하고 있다. 이들 국가들은 모두 제29호와 제105호를 일찌감치 비준한 국가들로서 ILO의 강제노동 협약과 관련하여 심각한 지적과 감시를 받은 적이 없다.

2) 교도소 내 강제노동 문제

한국은 지난 1990년대 후반으로 접어들면서 수형자에 대한 교정부문에 민간참여를 증대시켜 왔다. 그 예로서 수형자가 교도소 외부의 민간업체 작업에 참여하는 '외부통근작업'을 들 수 있다. '외부통근작업 운영규정'에 따르면, '외부통근자'라 함은 사회복귀와 기술습득을 촉진하기 위하여 외부기업체에 통근하며 작업하는 수형자를 말하며 '기업체'라 함은 외부통근자가 통근하며 작업하는 외부업체를 말한다. 또한 2000년에 제정된 「민영교도소 등의 설치·운영에 관한 법률」(제정 2000. 1. 28. 법률 제6206호, 2001. 7. 1.시행)에 기반하여 2010년 12월 한국 최초의 민영교도소인 소망교도소가 설립되었다. 소망교도소는 징벌목적이 아닌 회복적형사사법의 이념을 구현하기 위한 목적으로서 ① 교정의 개방화 및 사회화 ② 교정의 다양성 확보 ③ 사회자원의 활용 등을 위한 이유 ④ 교정경비의 절감과 과밀 수용의 해소 ⑤ 재소자의 교화와 개선을 통한 사회복귀 등 다양한 목적으로 도입되었다(유영재, 2012: 1).

ILO의 제29호 협약에서는 모든 형태의 강제노동을 금지하고 있으면서도 일정한 요건 하에서의 수형자의 교도소 노동은 예외적인 범주로 인정하고 있다. 교도소 노동과 민영교도소의 존재

등 한국의 경우에도 ILO 제29호 협약의 비준에 합당한 법제도의 정비를 위해서는 여러 가지로 검토할 사항이 존재한다. 특히 민영교도소에서의 강제노동 문제와 정치적 이유로 수감된 재소자에 대한 강제노동의 문제는 ILO의 지속적인 관심사항이므로 이에 대한 면밀한 대비와 조율이 필요하다.

재소자에 대한 강제노동, 특히 민영교소도의 존재와 운영으로 인해 발생하는 ILO 제29호 및 제105호 협약 비준의 장애물을 파악하고 이를 극복하기 위한 과제를 검토하기 위해 다른 나라들의 상황을 살펴보도록 하자.

한국의 민영교도소법 등을 살펴보면 우리나라에서는 교도소장과 몇몇 직원들만 민간인들로 구성될 수 있고, 다른 여타의 대부분의 운영방식은 국영교도소의 기준이 거의 그대로 반영되고 있다. 따라서 ILO의 민영교도소 운영에 따른 강제노동의 협약위반에 대한 심각한 우려가 예컨대 미국의 상황만큼 그리 중대한 상황은 아닐 수 있다. 그럼에도 해외의 상황을 제대로 이해할 때 한국의 바람직한 경로에 대한 시사점을 도출할 수 있다.

(1) 캐나다

캐나다는 사실상 민영교도소 문제는 제29호 비준 협약에 있어서 큰 문제가 되지 않았다. 이는 미국이 교도행정의 상당부분을 민영교도소를 통해 운영하고 있는 까닭에 제29호 협약의 비준이 현실적으로 불가능한 현실과는 다른 양상이었다. 캐나다는 2006

년까지 민영교도소 제도를 운영했지만 이는 더 이상 공식적으로 존재하지 않는다. 캐나다에는 두 군데의 민영구금시설이 있었는데 지금은 모두 정부의 통제 하에 이동된 상태이다. 그중 한군데는 청소년 대상의 시설이었다. GEO그룹이 캐나다 정부와의 계약을 통해 청소년 대상으로 (교도소가 아닌) 구금시설을 민영으로 운영하다가 캐나다 내부의 항의시위 등으로 1990년대에 계약이 종료되면서 더 이상 민영으로 운영되지 않았다.

온타리오 주의 '중북부 교정센터(The Central North Correctional Centre)'가 2001년 허가를 받아 2006년까지 운영된 캐나다 유일의 민영교도소였다. 그러나 이 역시 2006년을 마지막으로 계약 종료되면서 민영교도소로서의 운영은 종결되었다.

이처럼 2011년 ILO 제29호 협약을 비준하기 위한 필요요건으로서의 사적 이익에 복무하는 교도소 노동의 대표적 형태인 민영교도소가 사라짐으로써 캐나다는 ILO 제29호 협약의 비준이 현실적으로 가능한 여건이 마련되었다. 흥미로운 것은 캐나다 정부의 연구 결과, 민영교도소보다는 공공교도소에서의 교정효과와 성과가 더 낫다는 결론이 도출된 것도 민영제도를 중단하는 중요한 근거가 되었다는 점이다. 캐나다 정부는 ILO 제29호 협약비준을 위한 여건의 조성이 아니라 캐나다의 국가적 운영과 미래의 발전이라는 큰 틀에서 어떤 교도행정과 교정방식이 바람직한지에 대한 고민의 결과로서 민영교도소 제도를 중단시킨 것으로 이해할 수 있다.

다만 흥미로운 것은 여러 이유들로 인해 교도소의 민영화 추세가 증가해 왔던 2000년대 초반까지의 상황을 고려할 때, ILO 제29호 협약이 국제기준으로서의 효력과 영향력을 충분히 발휘할 만큼, 적절한 기준이 되기에는 어려움이 있으므로 좀 더 포괄적인 기준이 필요하다는 인식도 존재했다는 점이다. 이를 위해 ILO 제29호 협약의 한계를 넘어서는 새로운 수감자 노동문제와 관련된 기준의 설정을 2002년 ILC(국제노동총회) 정식의제로 상정하려고 하였으나 여기에 반대한 4개국에 캐나다가 포함되어 있었던 것이다. 캐나다는 중국, 독일, 니카라과와 함께 재소자 노동의 새로운 기준을 설정하는 의제가 상정되는 것을 반대했다. 이는 민영교도소 제도의 새로운 출발을 앞두고 국내의 법제도가 국제노동기준과 더 크고 명백하게 충돌하는 상황을 막으려는 시도의 일환으로 이해할 만하다.

(2) 미국

미국의 경우에는 21개 주에서 수감자들에게 비자발적으로 일하도록 강요하는 법령이 있으며, 일부 주는 노동을 거부하는 수감자에 대해 처벌이 가능한 정책을 시행하고 있다. 이와 관련해서 미국은 스스로 민간기업을 위해 일하는 민영교도소와 수감자의 현황이 ILO 강제노동 협약 제29조 제2항 (2) (c)의 요건에 상충될 수 있다는 점을 인정하고 있다. 그리고 미국은 제29호 협약을 비준한다 하더라도 강제노동에 대한 후속 보고서를 제출하기가 매우 어려울 것으로 판단하고 있다. 그처럼 제29호 협약과 크게 상충되는 조건을 해결하기 어렵기 때문이다.

특히 미국식 민영교도소는 영리 목적 교도소의 대표적인 모델로 평가되는데 이 같은 운영방식의 특성으로 인해 제29호 협약에 부합하는 미국의 법제도 시스템의 변경 역시 요원한 상황이다. 문제는 민영교도소가 이윤을 창출하는 방식 중에서 중요한 재원 중의 하나가 수감자가 생산노동에 종사하여 받는 임금의 상당부분을 교도소 운영비용으로 이용한다는 점이다. 물론 임금 중 일부는 수감자에게 돌아가지만 그 액수는 상당히 미미하다는 비판을 고려할 때 더욱 그러하다. 이는 자유노동시장에서는 교환가치에 준하는 정당한 대우가 있어야 한다는 ILO의 원칙에 비추어 봤을 때도 미국의 민영교도소 시스템이 ILO 협약의 기준에 부합하기 쉽지 않다는 것은 자명하다(장규원, 2000: 103; Durham, 1994: 274).

미국은 ILO 강제노동 협약 제29호를 비준하지는 않았지만 1998년의 선언으로 인해 비준 여부에 상관없이 그 내용을 존중하고 실천해야 할 의무가 있다는 주장이 국내 일각에서 제기되고 있다. 즉 모든 회원국은 비준에 관계없이 ILO 협약에 명시된 권리를 보호해야 하므로 이 선언은 관례적인 국제법으로 간주할 수 있으며 따라서 모든 국가가 존중해야 한다.

(3) 영국

2014년 ILO는 보고서를 통해 영국의 민간기업에 의한 구금

시설 민영화와 수감자 노동에 대한 입장을 제시했다. ILO는 영국 정부에게 민간기업과 계약하여 운영되는 교도소에서 수행되는 수감자의 노동이 자유로운 노동관계 조건 하에서 이루어지는 것을 보장하는 데 필요한 조치를 취하도록 요청했다.

ILO가 이 같은 지속적인 관찰결과에 기반하여 피력한 의견에 대해 영국 정부는 무조건 수용하거나 채택하는 식으로 대응하지는 않았다. 영국 정부는 ILO에 제출하는 연례보고서에서 자신의 입장이나 국내법 및 관행에 변화가 없으며 투옥 및 재활에 대한 접근 방식이 영국 정부의 목표와 완전히 일치한다는 견해를 계속 유지하고 있다고 주장했다. 또한 영국 정부는 ILO 협약과 관련하여 구금 시설에서의 일자리 증가를 위한 가능한 모델을 모색 중이라고 발표하고, 교도소 내 노동은 학대가 없으며 공공 및 민간 부문 감옥에서 수행되는 노동은 모두 엄격한 검사를 거치도록 강력한 규칙과 규정을 유지하고 있음을 강조했다.

이와 더불어 영국 정부는 ILO의 입장에 대해 일종의 반박 메시지를 담은 내용도 발표했다. 영국 정부는 ILO의 협약 해석을 받아들일 경우 수감자가 국내의 많은 구금시설이나 민간부문의 감독 하에 있는 시설에서 일하는 것은 실행 불가능하며, 나아가 그 같은 조치를 수용할 경우에는 영국 정부가 지향하는 수감자의 재활에 오히려 장애가 되고 피해가 될 것이라고 반박했다(ILO, 2017: 250~253).

영국 정부는 ILO의 입장에 대해 다음 같이 주장하는데. 이 주장을 보면 ILO 협약과의 충돌로 발생하는 문제에 대한 영국 정부의 기본적인 인식을 이해할 수 있다.

> “민영교도소는 영국 감옥 제도의 핵심적인 부분이다... 수감자에게 의미있는 일을 제공하기 위해서는 민간부문의 참여가 필요하다. 민간부문에 의한 수감자 관리 시스템에 대해 ILO 전문가위원회의 제안은 매우 비현실적이다. 그만큼의 중요성을 지닌 국제협약은 복잡하게 변화하는 세계의 현실을 정확히 반영하고 그 변화에 맞는 해석을 통해 생생히 살아있는 문서가 되어야 한다.” (ILO, 2017: 252)

이것은 어찌 보면 영국의 법제도 시스템이 ILO의 노동기준에 합치되지 않는 현실을 인정한 것이라고도 볼 수 있다(Thalmann, 2004: 96~97).

ILO의 관측과 권고내용은 각국의 상황과 필요에 따라 총회 보고서를 통해 적시된다. 그러나 영국 정부는 제29호와 제105호 협약을 비준했음에도 ILO의 기준에 일치하지 않는 현상에 대해 자국의 국내 상황과 국내법제도의 특성을 근거로 반박하는 보고서를 제출함으로써 자국의 상태를 유지하고 있다. ILO의 현실적 입장에서 볼 때, 해당국가가 자국의 입장을 명확히 제시하여 연례보고서를 투명하게 작성하여 성실하게 제출할 경우 ILO는 실제로는 해당국가와 지속적인 논의와 협의의 과정을 거친다. 이 점을 감안하면 강제노동 관련 협약 비준 및 이후의 과정을 예상하는 데 있어 우리에게 시사하는 바가 크다고 할 수 있다.

(4) 오스트리아

이와 같이 ILO와 해당국가 간의 지속적인 협의와 의견 교환은 지난 2018년 총회 보고서에서 적시된 내용은 오스트리아의 경우에도 유사하게 진행되었다(오스트리아의 상황에 대한 자세한 보고와 협의내용은 ILO, 2018a: 176 참조). 수년 동안 ILO는 오스트리아 내 민간기업이 운영하는 교도소 내 의무노동 수행, 특히 수감자들의 동의 없이 노동이 수행되는 상황을 지속적으로 검토해 오고 있었다. 이에 오스트리아 정부는 수감자들의 노동은 교도소 직원들에 의해서만 관리를 받으며 그들의 노동에 대해서는 교도소가 적정한 비용을 지불한다고 해명했다. 이런 해명에도 불구하고 ILO는 오스트리아 민영교도소에서 수행되는 노동과 관련한 관행들은 "모든 면에서" ILO 협약 제29호 제2조 (2) (c)에 명시적으로 금지하고 있는 사항—개인이 민간기관과 계약을 맺고 '고용된' 경우—이라는 것을 반복해서 지적했다. 특히 ILO는 수감자가 민간기업에 고용되거나 민간기업과 관련된 노역직에 처해지는 상황을 지적했을 뿐만 아니라 민간기업에 고용되어 있는 상황에서 그들에 대한 통제를 교도소에서 관리하는 점에 대해서도 ILO 협약 위반사항으로 주목했던 것이다.

ILO의 이 같은 지적에 대한 오스트리아 정부는 다음은 논리로 대응했다. 즉 민간부문 계약자의 관리 하에 노동을 수행하는 수감자는 자유로운 노동관계에서 보장하는 것과 유사한 권리를 부여받고 있으며, 제공한 노동으로부터 받는 수입도 다른 자유

노동 관계와 다르지 않다는 것이다. 오스트리아 정부는 국내 교도소 중 약 2.5%만 사적 계약을 통해 운영되고 있으며 수용자가 자유로운 의사결정이 가능한 상태에서 충분히 제공된 정보를 기반으로 교도소 내에서 업무를 수행할 수 있도록 주의를 기울이고 있다고 주장했다.

ILO가 2018년 당시 오스트리아 정부의 주장에 대해 긍정적으로 주목하는 부분은 그간 오스트리아 정부가 교도소 노동에 대해 임금상승과 자유롭고 자발적인 동의에 기초한 노동참여 조성을 위해 지속적으로 노력해 왔다는 점이다. 오스트리아 정부는 2017년 1월 1일 현재, 수감자의 노동에 대한 보수 수준이 2000년 3월 1일 보수 수준에 비교했을 때 임금지수가 약 47% 가량 증가했다고 밝혔다. 또한 민간기관이 운영하는 시설의 수감자들은 자유롭게 주어진 정보에 입각하여 자발적인 동의를 표해야 한다는 규정이 명백하게 실행되고 있다고 밝혔다.

그럼에도 ILO는 여전히 오스트리아 상황에 대해 비판적으로 지적하며 이에 대한 오스트리아 정부의 대처를 요구했다. 특히 임금지수가 적정히 상승해 왔다는 오스트리아 정부의 설명에도 불구하고 ILO는 교도소 노동에 대한 대가로 지급받는 보수의 약 75%를 교도소 (운영)비용의 명목으로 공제하고 있다는 점을 들고 특히 강제노동 협약과 명백하게 배치된다고 판단하여 오스트리아 국내법의 조항에 대해 비판적 입장을 제시했다. ILO가 문제삼는 오스트리아 국내법 조항은 「형 집행에 관한 법률」 제46조 3항으로 "교도소 행정당국은 수감자의 노동과 관련하여 민간기업과의 계약을 결정할 수 있다"는 내용이다.

그러면 이 같은 오스트리아 국내 상황에 대한 ILO의 비판적 지적과 권고사항에 대해 3년이 지난 2022년 보고서에서는 어떤 변화가 있었을까?

ILO 협약위원회는 수감자들이 민간기업을 위해 일하는 것, 수년간 형 집행에 관한 법률 제46조 제3항에 따라 주 교도소 내에서 민간기업이 운영하는 작업장에서 공식적인 동의 없이 일할 의무가 있는 수감자들의 상황을 조사해 왔다. ILO는 특히 정부가 민간이 운영하는 작업장에서 일하는 죄수들은 교도소 직원들에 의해서만 감독을 받고 교도소에서 급료를 받는다고 지적한 것에 주목했다. 그리고 이 같은 관행이 ILO 협약의 제2조 다목에서 명시적으로 금지하고 있는 사항, 즉 민간 계약자에게 '채용'되는 모든 측면의 위반 가능성을 '거듭' 지적했다. ILO는 또한 민간 청부업자를 위해 일하는 수감자들이 자유 노동관계에서 보장하는 것과 유사한 노동 권리와 조건으로부터 이익을 얻는다는 정부의 거듭된 지적에도 주목했다. 즉 오스트리아 정부는 교도소 내 민간사업장에서 일하는 재소자 역시 자유롭게 의견표시를 할 수 있다고 명시했지만, ILO는 이 취지를 살리기 위한 형 집행에 관한 법률 제46조 3항이 개정되지 않았다는 점을 지적했다(ILO, 2022).

이에 대해 오스트리아 정부의 답변은 어떠했을까? 오스트리아 정부는 수감자들이 민간 기업을 위해 하는 일은 교도소 외부의 민간기업에 고용되어 유사한 권리와 고용 조건을 보장받은 상태에서 노동하는 일반 노동자들과 동일한 법적 지위를 부여한다고 판단하고 있다(ILO, 2022). 이것이 2022년 ILO 연례보고서에 적시된 오스트리아 정부의 입장이다. 따라서 오스트리아 정부의 입장에서는 수감자들이 교도소 내에서 개인 소유의 민간기업을 위해 작업장에서 일하는 것이 충분히 자유롭고 충분한 동의를 통해 진행되는 것이기 때문에 형 집행에 관한 법률 제46조 3항의 개정이 필요하지 않다고 주장하는 것이다.

오스트리아 정부의 입장이 ILO의 권고를 받아들여 전향적으로 법제도의 개정을 수용한 것인가? 2018년이나 2022년이나 오스트리아 내의 상황은 본질적으로 달라진 것이 없다. ILO의 지적에 대해 오스트리아 정부는 무려 4년 가까이 동일한 메시지를 기술하면서 자국의 상황을 정당화했던 것이다. 이 같은 논쟁의 모습이 2023년 보고서에서는 달라질 수 있을까? 내년(2023년)에 오스트리아 정부의 입장이 어떤 주장과 근거를 통해 제시될 것인지를 살펴보는 것도 흥미로운 내용이 될 것이다.

다만, 이 지점에서 한국에 던지는 중요한 시사점은 어떤 국가이든, 설령 서구 민주주의 국가들이라 할지라도 ILO가 규정하고 있는 협약 및 구체적인 가이드라인에 완벽히 부합하게 국내의 법제도적 장치가 마련된 국가는 보이지 않는다는 것이다. 그럼에도 ILO의 지적과 권고에 대해 각국은 국내의 특수한 사회적·정치적·경제적 상황과 여러 국내법 조항들이 여전히 유효하게 발휘하고 있는 제재와 통합의 기능 등을 근거로 자국의 여건을 동일한 관점에서 주장을 계속하고 있다. 또한 그에 대해 ILO가 심각한 수준의 대응 행동으로 특수한 과정을 진행하지는 않고 있다. 바로 이 점이 한국의 앞으로의 대응에 있어서 가져다주는 전략적 시사점이라 할 수 있다. 기본협약의 비준 그 자체로 우리의 국내 법제도가 엄청난 혼란에 빠질 것이라는 주장은 실제 현실에서 벌어지고 있는 상황과는 차이가 크다.

(5) 호주

20여 년 전의 일이긴 하지만 지난 1999년 제네바에서 개최된 ILO 제87차 회의에서 ILO 협약 비준과 관련하여 호주 정부가 밝힌 주장과 그 근거 역시 한국에 던지는 시사점이 크다. 호주의 민영교도소 운영에 대한 당시 호주 정부의 입장은 민영교도소 내에서 수행되는 노동에 대해 어떤 경제적 이익을 취득하기 위한 목적과 동기가 존재하지 않으므로 ILO가 규정하는 강제노동의 조건에 해당되지 않는다는 것이었다.

나아가 민영교도소 내에서 수행되는 노동은 일정 기간 동안 교화 활동의 의미를 지니며 사회로의 복귀를 위한 일종의 준비를 위해 잠시 자유를 박탈하는 것으로 보는 것이 타당하다는 것이었다. 민영이든 국영이든 교도소 내에서의 노동은 국가에 의해 부과된 구금조건의 하나이므로 강제노동의 구성조건에 해당되지 않으며 특히 민영교도소 수감자에 대한 자유롭고 자발적인 동의의 전제는 반대로 국영교도소 수감자에 대한 상대적 차별이며 특권의 부여이므로 타당하지 않다는 것이었다.

호주 정부의 핵심적 주장은 다음 같이 압축할 수 있다. "정부에 의해 공공 서비스를 제공하는 역할을 맡은 민간 계약자는 모든 면에서 정부와 동일한 대우를 받아야 하고 강제노동 협약 위반에 대해 면제를 받아야 한다"(Thalmann, 2004: 97).

그럼 최근의 상황에 대한 ILO와 호주 정부 간의 의견교환은 어떻게 진행되었을까? 2022년 ILO 연례보고서에는 강제노동 관련 호주의 상황을 언급한 내용이 없다. 그러나 제29호 협약과 관련하여 ILO의 지적과 이에 대한 호주 정부의 답변은 확인할 수 있다. ILO는 이전 논평에서 호주 정부가 2019년 공정거래(등록기관) 개정(청렴성 보장) 법안을 통과시키려는 시도와 관련하여 국제노동조합총연맹(ITUC)가 표명했던 심각한 우려를 언급했었다. 즉 개정 법안이 제29호 협약에 위배된다는 지적이었다. 노동자 조직의 내부 기능에 대한 개입 가능성을 확대하는 법안에 대해 많은 비판과 제안이 제기되었고 ILO는 호주 정부가 관련 노동자 및 고용주 단체와 함께 법안의 제안을 검토하여 법령상의 모든 조치들이 제29호 협약에 완전히 부합되도록 진행할 것을 촉구했다.

이에 대해 호주 정부는 어떠한 결정도 내리지 않았다고 명시하면서 결론적으로 법령개정의 방향이 ILO 협약에 위배되지 않는 쪽으로 진행될 것이라고 설명했다. 그간의 국내 상황에서 관행으로 진행되었던 경우와 동일한 상황들만 존재할 뿐이라는 주장이었다.

이에 대해 ILO는 그간의 지적과 호주 정부의 답변을 고려하여 호주 정부가 이전에 취했거나 앞으로 취할 모든 조치를 전문가위원회에 계속 보고할 것을 요청했다. 호주 정부에 어떤 강제적 요인을 실질적으로 부과하지는 못하고 계속적인 논의의 구조를 유지해 달라고 요청한 것이다. 바로 이 같은 ILO와 개별의 국가정부 간에 오고가는 논의의 내용과 방식을 놓고 볼 때, 한국 역시 ILO와의 중장기적인 논의가 가능할 것이라고 충분히 추정할 수 있다. ILO 협약 비준에 따른 국내 법제도의 완벽한 정비가 이루어지지 않는 것에 대해 필요 이상의 공포 분위기를 조성할 필요는 전혀 없어 보인다.

(6) 독일

독일 경우에서 유추하여 한 가지 흥미롭게 볼만한 점은 교도소 내의 노동이 다음의 두 가지 주요 조건을 충족한다면 국제규정을 존중하는 것으로 볼 수도 있다는 점이다. 첫 번째 조건은 수감자의 자발적 동의가 있어야 하고, 두 번째 조건은 자유시장과 유사한 조건에서 임금과 사회보장 급여를 지급해야 한다는 것, 즉 자유 노동시장에서의 가치교환에 버금가는 수준의 활동이 있어야 한다는 점이다.

ILO 전문가위원회는 수감자가 '자유' 노동자보다 생산성이 낮을 것이라는 인식에 근거하여 자유노동시장에서 수립된 수준에 미치지 못하는 임금을 지불하거나 대우를 하는 것은 정당화될 수 없다고 설명한다. 그리고 수감자의 자발적인 동의는 공식적인 서면동의가 있어야 하고, 노동을 거부하더라도 제재를 받거나 위험에 처해지지 않아야 하며, 노동조건이 자유노동시장에서 교환되는 가치와 동일한 수준을 충족한다면 이를 공식적으로 인정한다는 것이다. 이 같은 국제기준을 충족할 수 있는 여러 다른 가능성과 조건이 존재한다는 것도 앞으로의 한국의 행보를 결정하는데 중요한 지침이 될 수 있다.

이런 측면에서 ILO와 독일 사이에 진행된 논의는 한국에 시사하는 바가 적지 않다. 독일은 교도소 내 수감자의 노동과 관련하여 ILO와 수십 년에 걸쳐 의견교환을 진행해 왔다. ILO는 수년에 걸쳐 독일 정부에 민간기업에서 수감자가 노동을 수행하기 위해서는 수감자들이 자유롭고 충분히 수집된 정보에 입각한 공식적인 동의가 있어야 하고, 이와 관련한 법률 및 관행을 시행하기 위해 필요한 적절한 조치를 취해야 한다고 계속 강조해왔다. 1976년 ILO는 형법 41조 3항에 따라 민간기업에 수감자의 노동수행은 수감자의 동의에 의해 결정된다는 사항에 긍정적으로 주목했다.

문제는 몇 년 후인 1981년에 새로운 법령이 제정되면서 발생했다. 위의 형법 제41조 제3항에 규정된 동의요건이 1981년에 제정된 「예산구조 개선을 위한 제2차 법」에 의해 중단되었고, 그 이래로 이 문제가 명확하게 해결되지 않은 채 20년이 넘게 지나온 것이다. 2006년부터 「형량 집행에 관한 법률」(법률명 통일)의 권한이 독일 연방주(Länder)에 있음이 확인되었고 그 후로 연방주들이 제출한「형법시행법안」이 시행되면서 ILO와 독일정부 간의 논의가 재점화되었다.

2013년 독일 정부는 3개 주를 제외하고 나머지 주에서는 계속 민간기업이 관리하는 교도소의 노동에 수감자들을 동원할 수 있다고 밝혔다. 동시에 민간기업의 직원이 업무 관련된 지시를 내릴 권리는 있지만 수감자의 감독과 처우와 관련된 모든 결정은 형사 집행 공공 기관의 책임 하에 있다는 점도 명확히 했다. 독일 정부는 법원의 결정을 수용하여 수감자에게 배정된 업무가 사회통합에 결정적이며 그 계획의 중요한 일부를 담당하게 된다고 강조하며 자국 상황의 특수성도 함께 주장했다.

이에 대해 ILO는 민간기업에 의한 수감자 노동관리가 ILO 기본협약과 양립할 수 있음을 분명히 밝혔다. 즉 수감자가 민간기업을 위해 노동을 제공하더라도 자유롭고 공식적인 충분한 정보를 제공하여 자발적인 동의에 기초하며 압력을 받거나 추가적인 처벌을 받지 않는 보호장치가 존재한다면 문제가 되지 않는다는 것이다. 만약 그렇게 진행된다면 수감자의 작업에 대한 강요가 없으므로 협약을 위반하지 않는다고 판단한 것이다.

ILO는 노동의 자발성에 대한 가장 신뢰할 수 있는 지표로 임금수준 외에 자유로운 노동관계와 유사한 조건 하에서 작업 수행 여부, 사회보장 및 산업안전보건에 관한 규정의 적용 여부를 중점적으로 지표로 삼고 있다. 이처럼 ILO의 기준에서 민영교도소 내의 강제노동에 대한 기준이 어떻게 수립되어 있는지를 명확히 이해하는 것이 필요하다. 그리고 그에 대해 한국이 강제노동 관련하여 앞으로 어떻게 대응하는 것이 현실적으로 가능한지에 대해 방향성을 명확히 하는 것이 중요하다. 독일의 경우처럼 우리도 단기간 내 완전하게 해결할 것이 아니라 중장기적으로 논의를 진행하여 점진적으로 개선해 나가는 방식의 가능성도 충분히 고려해 볼 수 있다.

지난 2017년 ILO 제106차 총회에서 발행한 보고서에서 ILO가 독일 정부에 제시한 제언의 결론은 다음과 같다. "독일 정부는 이와 관련하여 진행 상황에 대한 정보를 제공할 수 있는 역량을 갖추고 있다고 '믿으며' 민간부문에서 운영하는 구금시설 내의 수감자 노동에 대한 보수 수준과 고용조건에 대한 정보를 지속적으로 제공할 것을 요청한다"(ILO, 2017: 198).

3) 정치/사상, 파업참여에 대한 강제노동 부과

(1) 개괄적 논의

ILO는 강제노동 관련 협약 제105호 제1조를 통해 회원국은 다음 다섯 가지에 해당되는 모든 형태의 강제노동을 금지하고 이용하지 않을 것을 약속해야 한다고 규정한다. ① 정치적 강압이나 교육의 수단, 정치적 견해 또는 기존의 정치·사회·경제 제도에 사상적으로 반대하는 견해를 가지거나 표현하는 것에 대한 제재. ② 경제발전을 위해 노동의 동원 및 이용. ③ 노동규율. ④ 파업 참가에 대한 제재, ⑤ 인종·사회·민족 또는 종교적 차별대우. 이 중에서 한국이 문제가 되는 것은 정치·사상범에 대한 제재 및 파업 참가에 대한 제재로서의 교도소 내 강제노동이다.

한국의 법제상 정치·사상범에 대한 처벌이 바로 국가보안법이다. 이미 20년 전인 1998년 ILO 자문단의 지적처럼 국가공무원법, 국가보안법, 집시법 등을 통해 정치적 견해의 표출 등에 대한 제재로서 강제노동이 부과되는 징역형은 분명 ILO의 협약에 위배된다. 따라서 한국이 제105호 협약을 비준하기 위해 가장 중요하게 대처해야 할 사항이 정치적인 문제, 노동파업 참가 등에 따른 제재로서 강제노역이 가능한 처벌의 존속이다.

(2) 미국 사례

미국은 ILO 강제노동 관련 협약 중에서 제29호는 비준하지 않았으나 제105는 비준한 상태이다. 미국의 상황에 대한 ILO의 입장과 이에 대한 미국 정부의 입장, 향후의 계획은 주로 어떻게 표출되었는지 살펴는 것은 향후 한국의 경로에 도움이 될 수 있을 것이다.

2002년 ILO 총회에서 미국은 수십 년 만에 처음으로 ILO 전문가위원회에 의해미국 정부가 협약을 위반했다는 판단을 받았다. 미국이 ILO 제105호 협약을 위반한 것으로 판단한 것이다. 그 해에 ILO는 제105호 협약 위반과 이에 대한 경고 의견을 미국을 포함한 31개국 정부에 제출했다.

미국의 경우 ILO 전문가위원회는 노스캐롤라이나 주의 법령에 특히 주목했는데 노스캐롤라이나 주 일반 법령 제12조 제95~98항에 따르면 모든 공무원의 파업은 불법이며 국가의 공공 정책에 위배되는 행위로 처벌을 받는다. ILO 전문가위원회는 미국 노스캐롤라이나 주의 일반법령이 규정하는 내용, 즉 "공무원의 파업은 불법이며 국가의 공공 정책에 위배되므로 1급 범죄로 판결한다"는 것에 문제를 제기한 것이다. 1급 범죄로 유죄 판결을 받은 사람은 이른바 '공동체 형벌'(Community Punishment)' 선고를 받을 수 있으며, 두 번째 유죄 판결을 받을 경우에는 이보다 더 '적극적인 처벌', 즉 투옥될 수도 있다고 규정한다.

'공동체 형벌'을 받으면 주정부는 지역사회 봉사사업 프로그램 (Community Service Work Program)에 복무를 부과할 수 있다. 이 프로그램은 범죄자가 공동체에 이익이 되도록 해당 지역의 공공기관 혹은 비영리 기관에 무상으로 노동을 제공하도록 요구한다. 또한 노스캐롤라이나 주는 신체가 건강한 모든 수감자는 자신에게 제공된 모든 노동을 성실히 수행해야 한다는 규정을 포함하고 있다.

ILO 전문가위원회는 "노스캐롤라이나 주 일반 법령의 관련 조항은 ILO 협약 제1조 (d)에 위배되므로 미국 정부에 노스캐롤라이나 주의 상기 조항에 대해 필요한 조치를 취할 것"을 촉구했다. 전문가위원회는 협약에 부합하는 행동계획에 대해 보고할 것과 미국정부가 협약 제1조 (d)에 비추어 국가 차원에서 입법 및 실천에 대한 전반적인 검토를 수행하고 결과를 보고할 것을 촉구했다.

이 같은 지적에 대해 미국 정부 대표(미국 노동부)는 이의를 제기하고 미국 내 법률이나 미국 노동자에게 적용되는 법 관행에 따른 것으로서 협약 위반이 없다고 주장했다. 미국 정부는 노스캐롤라이나 법률이 협약의 서한과 정신에 부합한다는 입장을 고수했으며 법률의 수정을 보장하지도 않았다. 미국의 모든 주에서 미국 법률과 관행이 협약에 완전히 부합하기 때문에 전문가위원회가 더 많은 연구를 거친 후에 결론을 다시 내려주기를 희망한다는 의견을 피력했다.

지금까지가 2002년에 ILO와 미국 정부 간에 진행된 논의와 협의의 내용이다. 흥미로운 것은 정확히 동일한 내용에 대한 지적이 가장 최근의 2018년 ILO 보고서(ILO, 2018a: 225~226)에서 다시 기술되었다는 점이다. 여기서 ILO 전문가위원회는 "10년이 넘게 지속되어 온 미국 노스캐롤라이나 주에서 공무원 파업에 따른 강제노동의 부과에 대해 계속해서 ILO가 제기한 문제를 다시 논한다"고 하면서 노스캐롤라이나 주 법령에 대해 다시 언급한다(ILO, 2022).

ILO 전문가위원회는 위에서의 법령에 협약위반의 소지가 있다는 문제를 제기했고 이에 대해 2018년 미국정부는 다음 같이 답변했다. "이 같은 문제제기에 대해 미국정부는 전문가위원회의 견해가 노스캐롤라이나 주 당국에 전달되었으며 이후의 주정부가 취한 모든 조치의 정보를 연방정부에 제공하도록 요구했다. 또한 노스캐롤라이나 주 법령은 유죄판결을 받을 가능성이 희박한 사람에 대해 판사가 파업에 참가했다는 이유만으로 협약에 위반되는 작업을 수행하도록 명령하고 있지 않으며 단순히 벌금 부과하는 것으로 처벌하고 있다(ILO, 2018a: 225).”

이는 현재의 주 법령을 이른 시간 안에 개정할 계획은 없다는 간접적인 표시이며 현재의 법령 운영으로도 ILO의 기본협약에 위배되지 않는다는 15년 전의 주장을 동일하게 되풀이한 것으로 볼만하다.

이에 대해 ILO 전문가위원회는 미국정부가 노스캐롤라이나 주의 일반 법령이 ILO의 협약 및 관행 모두에 부합되기 위한 필요한 조치를 취할 필요가 있다고 기술했다. 문제의 소지가 있는 노스캐롤라이나 주의 일반 법령(특히 제95~99조)의 폐지 또는 개정을 추진해야 한다는 주장이다. 그리하여 파업참가에 대한 강제노동, 예컨대 지역사회 봉사 프로그램이나 혹은 징역 등의 벌칙을 부과할 수 없도록 보장해야 한다고 제안했다. ILO 전문가위원회는 마지막 부분에서 다음 같이 기술했다. ILO 전문가위원회는 다음의 국가 보고서에서 미국정부가 이 문제에 대해 진전된 정보를 제공하기를 ‘희망한다.’

(3) 이집트 사례

ILO 협약 제105호의 가장 중요하고 상징적인 규정이라 할 수 있는 제1조 (a)항은 기존의 체제에 반대하는 정치적 견해를 표현하는 것에 대한 처벌로서 강제노동을 금지해야 한다는 것이다. 이와 관련하여 ILO 전문가위원회는 지난 1964년 이래로 이집트의 형법, 특히 이와 관련된 제16조와 제20조에 대해 비판적 지적을 계속하고 있다. 전문가위원회는 정치적 이유로 수감된 사람들을 대상으로 구치소에서 노동수행의 의무가 수반되는 최대 1년의 징역형에 대한 조항들이 ILO 협약 제105호 위반의 소지가 있다고 지적했다(ILO, 2018a: 195~196).

이집트 정부는 이에 대해 이미 2003년 새로 개정된 법령의 제95조에 의해 강제노동의 제재가 폐지되었으므로 ILO 전문가위원회가 언급한 사항이 이미 수정되었다고 설명했다. 또한 이집트 정부는 언론과 관련된 혐의에 대한 수사나 조사 과정에서는 판사가 구금조치를 승인하지 않도록 하고 형벌기간이 1년을 초과할 경우에만 강제노동 선고가 가능한 것으로 개정하는 등 ILO의 협약을 준수하고 있다고 주장했다.

ILO 전문가위원회의 위반 소지 지적에 대해 이집트 정부는 국내의 법적·제도적 정비가 ILO 기준에 맞게 수정, 완비된 경우 뿐만 아니라 ILO의 기준에 부합하기 위한 노력들을 어떻게 경주하고 있는지를 강조하는 내용을 정부 보고서에 적시함으로써 협약 준수 의지를 드러냈다. 여기서도 한 가지 일관된 특징이 보인다. 해당국가 정부와 ILO 간의 의견교환과 협의 과정을 살펴보면 협약의 가치를 너무나 명백하게 위반하는 심각한 사항이 아닐 경우에는 정부와 ILO가 입장을 교환하면서 최적의 합의점을 찾기 위한 과정이 지속적으로 진행된다는 점이다. 이처럼 실제로 ILO와 해당 협약을 비준한 회원국 사이의 의사소통 방식은 한국에 의미 있는 시사점을 제시해준다.

3. 강제노동 금지와 철폐: 캐나다의 전반적 활동과 대응

1) 캐나다의 비준 협약을 둘러싼 갈등과 논쟁의 양상

20년 전 1998년 ILO 총회에서 채택된 「노동의 기본 원칙과 권리 및 후속조치에 관한 선언」(Declaration on Fundamental Principles and Rights at Work and its Follow-up)이 표출한 메시지는 매우 분명했다. 이는 1990년대 들어 노동기준에 대한 국제사회의 논의가 연일 뜨거워지는 가운데 이른바 노동에 대한 '기본권 선언'을 선포한 총회 선언문이었다. 즉 노동이 보장받아야 할 네 가지 권리, 즉 결사의 자유와 단체 교섭권의 실질적인 인정, 강제노동의 폐지, 아동노동의 폐지, 고용과 직업에 있어서의 차별 철폐 등에 대해 ILO 회원국이 견지해야 할 자세를 촉구한 것이다.

ILO는 이 선언문에서 "회원국들은 관련 협약의 비준 여부와 관계없이 위의 네 가지 원칙과 권리를 존중하고 증진할 것을 약속해야 한다"고 강조했다. 즉 모든 회원국에게 비준 여부와 상관없이 ILO 협약과 관련되는 사항을 그야말로 기본 권리로서 존중하고 실현해야 하는 의무를 부과한 것이다. 이 선언문은 당해 6월에 개최된 제86차 총회에서 찬성 273표, 기권 43표, 반대 제로로 채택되어 국제사회의 의지가 명확하게 결집된 결과물이었다.

캐나다 역시 1998년의 이 선언문의 채택을 지지하면서 다음과 같은 연방정부 차원의 공식입장을 발표하기도 했다. "캐나다는 결사의 자유와 단체교섭의 기본원칙을 촉진하기 위한 핵심수단으로서 본 선언문을 매우 중요하게 생각합니다…이 선언문의 실질적인 실행은 노동자와 그 가족의 삶을 향상시키는 데 크게 기여할 것입니다…"

ILO의 정신과 방향성에 대해 캐나다가 조응하고자 하는 노력을 설명한 문헌에서도 나타나는 것처럼(Blackett, 2018) 강제노동 관련 협약에 대한 비준을 둘러싼 갈등이나 사회적 충돌은 결사의 자유 협약과 비교할 때, 상대적으로 희소한 편이다. 예를 들어 캐나다 노동조합의 연합기관들이 단결과 연대를 강조하면서 초점을 맞추는 내용들도 노조결성 권리를 아직 확보하지 못한 노동자들의 결사의 자유가 대부분을 차지한다. 반면, 노동조합들이 강제노동에 대한 금지와 철폐에 대한 구체적인 논의를 이끌어가는 장면은 잘 보이지 않는다. 이것은 이미 대부분의 국가들이 오래전에 비준을 완료했을 만큼 너무나 당연하고 타당한 기준으로서 그 의미를 인정받았기 때문으로 볼 수 있다. 너무나 기본적인 인권에 관한 사항이므로 해당 정부의 정치적 의지만 있다면 큰 논란 없이 비준과 이행의 의지를 분명히 하는 것이 어렵지 않은 주제였던 것이다. 이것이 결사의 자유를 둘러싼 캐나다의 사회정치적 갈등과는 다른 양상—강제노동 관련 협약의 비준을 둘러싼 사회정치적 갈등이 크게 관측되지 않은 상황—을 보여주는 이유로 볼 수 있다.

폭넓은 이해를 위해 결사의 자유를 둘러싼 캐나다의 사회정치적 상황을 잠깐 살펴보도록 하자. 결사의 자유 관련하여, 1987년 노동입법권을 보유하고 있는 주정부와 연방정부의 입법에 대해 "단체교섭권과 단체행동권이 캐나다 헌법에 포함되지 않는다"는 대법원의 최종판결은 캐나다 사회에서 논란을 심화시켰다. 캐나다 노동조합은 1987년의 판결로 국내 투쟁이 약화되자 ILO 결사의 자유 위원회 등 국제기구를 적극적으로 활용하면서 국제적 관심을 끌었고 이에 따라 UN 인권위원회 등의 지적도 증가하게 되었다.

캐나다 내부적으로도 국제조약의 부적절한 의무 이행 문제를 해결하는 과정에서 사법부에만 의존해서는 안 된다는 지적이 2001년 캐나다 상원 상임위원회에서 제기되었다. 캐나다 노동조합들은 전국적으로 결속하여 정부를 압박하였고 특히 ILO 제소를 공공부문에서의 단결권 보장을 위한 전략적 수단으로 활용하면서 국제적으로도 많은 제소 건이 발생하게 되었다. 캐나다가 ILO 결사의 자유 위원회에 2004년까지 제출한 총 63개의 제소 건 중에서 54개가 1987년 이후에 제출되었고 이 중 다수가 실제 침해 건으로 결정되었다. 캐나다에서는 특히 결사의 자유를 매우 기본적인 노동권으로 인식하고 이에 대한 미비준이 얼마나 국제노동기준의 표준과 기본적 원칙에서 동떨어진 행태라는 점을 호소하면서 이를 비준하라는 압박을 국내외적으로 지속적으로 전개했던 것이다.

이는 ILO 기준에 대한 캐나다의 의지에 심각한 문제가 있다는 공격을 국내적으로 계속 받는 원인이 되었다. 캐나다 정부는 노동과 관련한 국제인권 기준을 준수하겠다고 반복해서 약속했다. 캐나다의 모든 노동자들이 실제로 보장된 권리를 가지며 그들의 인권과 노동권을 훼손하지 않도록 하기 위해 국제기준에 철저히 부합하도록 노력하겠다는 의지를 표명하기도 했다. 그럼에도 캐나다의 여러 다양한 기록들은 연방정부와 주정부의 현실이 크게 다르고 캐나다가 국제사회에 제시한 수사적 약속이 충족되지 않고 있으며 캐나다가 국제사회를 향해 열렬히 지지한다고 설명한 여러 권리들이 오히려 캐나다 내부에서는 완전히 실현된 적이 없다는 비판에 직면했다.

이 같은 캐나다 사회의 사회정치적 갈등이 고조되는 가운데 2000년대 초반 이후, 캐나다 최고법원의 판결이 보수적 입장에서 변화를 보이기 시작했다. 농업노동자들을 단체교섭 대상에서 제외하는 법 규정의 합헌성 논란에 대해 캐나다 권리장전 규정에 비추어 볼 때, 농업노동자를 법적 노사관계 구도에서 완전히 제외시키는 것은 법 위반이라고 판단하는 의견이 다수를 차지했다. 그리고 중요한 사실은 캐나다 대법원의 이 같은 판결과 판단의 근거로서 ILO의 기준이 언급되었던 것이다.

ILO로의 제소 건이 증가하고 관심이 집중되며, 이에 따른 ILO의 심의사례가 축적되는 과정에서 캐나다 정부는 계속 부담을 안게 될 수밖에 없었으며 이는 국내 제도 개선과 국익에 직접 영향을 미치게 되었다. 제소와 심의사례가 확대되면서 ILO의 권고의견은 매우 광범위해지고 강력해지는 양상을 띠었고 캐나다 정부는 이에 따라 계속 부담을 안고 국제노동기준에 부합되는 사회정치적 여건을 만들기 위해 쉽지 않은 과정을 거쳐 왔다고도 볼 수 있다.

이처럼 결사의 자유를 둘러싼 자국 내 이해관계자 집단들의 갈등 및 정부-사법부의 충돌은 필연적으로 발생할 수밖에 없다. 그리고 이에 따른 갈등이 국제사회에 표출됨으로써 자국 정부와 관련 기관들에게 부과되는 부담이 증가하고 이는 결국 해당 문제를 해결하기 위한 전 사회적 노력을 기울이게 만들었다. 이 사례에서 중요한 점은 캐나다의 경우, 상당 기간에 걸친 사회정치적 갈등이 누적되는 가운데 사법기관의 판단에 변화가 발생하면서 기존의 판례를 변경하여 국제노동기준을 수용하는 등 사법기관을 중심으로 한 국제노동기준의 수용이 잘 이루어진 사례로 볼 수 있다는 것이다.

반면에 강제노동과 관련한 협약의 비준과 이행을 둘러싼 격렬한 갈등과 충돌은 상대적으로 적어 보인다. 왜냐하면 앞에서도 기술한 것처럼 이는 너무나 기본적인 인권의 문제로서 이견의 여지가 없는 당위의 문제로 볼 수도 있기 때문이다. 오히려 강제노동의 금지와 철폐라는 인간 존중의 가치를 엄격히 준수하려는 한국의 여러 핵심적 당사자들의 인식 전환이 더 급한 문제일 수 있다. 이는 사법부의 인식뿐만 아니라 관련 행정부서의 인식도 해당될 수 있다. 캐나다의 사례가 시사하는 바처럼 사회적 갈등의 누적에 따른 사법부의 인식과 태도가 어떻게 변화되어 표출되느냐에 따라 사회적 분위기와 방향성 설정에 큰 영향을 끼치게 되기 때문이다.

자국의 국내 법제도 시스템과 국제노동기준이 완벽히 일치하지 않는 한, 어느 국가도 ILO의 기본협약의 비준과 이행을 100% 충족하면서 진행하기는 어렵다. 왜냐하면 각국은 자신의 주권과 역사를 통해 형성된 뿌리를 토대로 노동관계의 맥락을 형성해 왔고 자신만의 사회적 틀을 구축해 왔기 때문이다(Blackett, 2018: 2, 5~6). 따라서 자국의 조건과 고유의 특성을 심각히 침해하지 않는 선에서 현대적 의미에 부합하는 노동법을 만들려는 노력은 존중받아야 한다. 그러나 동시에 캐나다의 경우처럼 국제노동기준이 국내의 법적 판단의 기초가 될 수 있도록 그만한 의미와 위상을 가진 법적 기준으로 인정하고 이의 수용을 위한 노력을 전 사회적으로 기울일 필요가 있다.

2) 인신매매와 강제노동에 대응하는 캐나다의 노력

캐나다는 강제노동 및 인신매매 문제는 국내외적으로 해결하고, 강제노동 문제는 연방정부와 주정부가 책임을 함께 지면서 적극적으로 대응하고 있다. 캐나다는 2002년에 인신매매(특히 여성과 아동)를 방지하고, 억제, 처벌하기 위한 UN 의정서(팔레르모 의정서)를 비준한 첫 번째 국가 중의 하나일 정도로 현재 강제노동 금지에 대해 가장 적극적인 행보를 보이고 있다. 캐나다 국내에서는 인신매매가 형법에서 14년 이하의 징역에 처할 수 있으며, 특히 유괴 또는 성폭력과 같은 특정 가중 요인의 경우 종신형 처벌이 가능한 범죄로 인정되고 있다. 또한 국경을 넘는 다국적 인신매매의 경우 캐나다 이민법 (Immigration and Refugee Protection Act)에 의해 금지되어 있으며 이를 위반할 경우에는 최대 종신형 및 1백만 달러의 벌금을 부과할 수 있도록 되어 있다. 대다수의 캐나다 노동자는 주정부 노동법의 적용을 받으며 보호받고 있으며, 캐나다 내 나머지 모든 노동자들은 연방정부 관할 하에 있다. 이 두 수준의 노동조항은 모두 인신매매 및 강제노동 방지에 효과적으로 기여하고 있다.

캐나다 공공안전부(Public Safety Canada, PSC)는 인신매매 특별수사대(Human Trafficking Taskforce)를 주요 부서로 구성하여 인신매매 방지를 위한 국가행동계획(National Action Plan)의 이행을 감시하는 역할을 수행하고 있다. 국가행동계획은 연방정부가 주정부 및 여타의 다양한 사회 기관들과 협력하겠다는 의지를 갖고 인신매매 및 강제노동 피해자들을 관리하는 기관들에 충분한 효과적인 지원을 제공하는 것을 기본 목표로 하고 있다.

2012년에 시작된 국가행동계획이 수행하는 기능을 정리하면 다음과 같다: ① 인신매매를 근절하기 위한 연방정부의 지속적인 노력의 통합 기능, ② 인신매매 범죄를 방지하고 피해자를 확인하여 가장 취약한 자 보호 기능, ③ 가해자 기소를 위한 적극적인 새로운 방안 도입 기능. 캐나다가 이같이 연방정부 차원에서 적극적으로 대응하는 것은 민주주의 제도의 선도적 국가라는 자국의 위상에 어울리지 않게 최근 들어 여전히 다양한 범죄의 증거가 나타나고 있기 때문이다. 캐나다의 강제노동 문제는 주로 식품 가공 및 기술, 서비스 산업 및 가사 노동자와 같은 산업에 종사하는 외국인 노동자에 집중되어 있어서 체계적이고 면밀한 그리고 포괄적인 감시활동이 제대로 이루어지지 않으면 쉽게 관측되지 않는 특성이 있다고 판단한 것이다.

이 같은 국가행동계획의 집행에 따른 결과로 2013년 캐나다 정부는 자국 내의 강제노동에 대한 첫 번째의 공식적인 기소를 완료했고, 이어 인신매매방지법에 따라 성립된 기소와 처벌을 지속적으로 강화해왔다. 또한 주정부의 법 집행 기관과 긴밀하게 협력하는 인신매매방지 경찰국을 발족하고 인신매매와 강제노동에 대한 인식을 제고하기 위해 시민사회와 강력한 파트너십을 유지하고 있다. 중요한 사실은 연방정부와 주정부 당국 간의 협력과 조정을 지속하면서 국가행동계획 실행/진척 보고서를 발행하여 캐나다 정부의 역할과 노력에 대한 투명한 입증을 제시하려는 노력을 계속하고 있다는 것이다.

연방정부는 연례보고서를 발행하여 인신매매와 관련한 예방, 보호, 기소, 파트너십 등 네 가지 차원에서 어떻게 대응하고 접근하고 있는지 또 어떻게 ILO의 가치에 부응하여 진보하고 있는지를 설명하는 데 주력하고 있다. 인신매매와 강제노동 금지 및 철폐에 관한 국가행동계획에 명시된 주요 정책 및 프로그램들과 더불어 연방 법률 및 규정들은 강제노동을 방지하고 피해자를 보호하며 가해자를 기소하기 위한 주요 조치들을 적시하고 있다. 그런 조치들은 ILO가 제시한 강제노동 관련 의정서의 주요 조항 및 권고안의 지침과 상당히 일치한다. 이는 정부를 비롯한 자국의 관련 공공기관과 민간기관들이 어떤 방식의 협력체계를 구축하여 실질적인 진전을 이루어내고 그것의 성과를 어떻게 정리하고 궁극적으로는 ILO의 핵심적 가치와 맥을 같이 하기 위한 노력을 경주하느냐가 기본적인 일상적/상시적 과제가 될 필요가 있음을 보여준다(ILO, 2018b: 2, 23~24; Canadian Labor Union Association Report, 2009: 7~9).

캐나다 정부는 강제노동의 원천인 인신매매를 가장 심각한 범죄행위로 보고 인신매매 업자에 대한 기소를 강화하는 등 지속적인 노력을 계속하고 있다. 인신매매와 관련이 있다고 의심되는 금융거래 확인을 강화하고, 피해자 서비스를 위한 기금을 조성하며, 인신매매 피해자를 위한 비상 주택 개발을 위한 새로운 계획에 자금을 지원하는 등 다방면에 걸쳐 이 문제를 해결하고 예방하기 위해 노력을 기울이고 있다. 다만 캐나다 정부는 2017년 이후로 새로운 계획을 공식적으로 발표하지는 않고 있으나 새로운 국가행동계획을 개발하기 위한 협의는 이미 시작하고 있다(미국 국무부 보고서, 2018).

참고로 미국의 경우에 대해서도 간략하게 살펴보도록 하자. 미국의 경우 인신매매를 통해 불법입국이 이루어지고 이것이 곧 강제노동의 주된 원인이 된다는 판단 하에 이를 근절하기 위한 법제도의 노력을 지속했다. 그 중요한 결과의 하나로서 2000년에 제정된 인신매매금지법(Trafficking Act)은 인신매매 행위를 엄격히 금지하고 거기에 관여하는 자를 처벌하는 규정을 포함하고 있다.

나아가 미 국무부는 인신매매를 국제적으로 근절하기 위한 노력의 일환으로 다른 국가들에 대한 조사보고서도 발간한다. 해외현황 보고서는 국가들을 3개 범주로 분류하여 관리하는데 캐나다는 인신매매 문제를 엄격히 관리하는 1등급 국가로 항상 분류되어 왔다. 인신매매금지법은 강제노동 철폐에 대한 새로운 접근법으로 평가된다. 강제노동을 창출하는 주된 원인이 되는 인신매매를 철저히 단속함으로써 종국적으로 강제노동을 철폐하는 것이 이 법의 주된 목적이다.

3) 민영교도소 강제노동에 대응하는 캐나다의 노력

위에서 기술한 것처럼 캐나다에서는 2000년대 중반에 민영교도소 제도를 폐지함에 따라 이와 관련한 ILO 기본협약, 특히 제29호 협약 비준에 큰 장애가 사라지게 되었다. 민영교도소의 폐지는 캐나다 내에서 지속적으로 비판이 제기된 데 따른 영향이 큰 것으로 보인다. 민간부문이 구금 시설에 참여하는 것은 국제노동기준과 관련하여 중대한 우려를 불러일으키는 문제였다. 민간부문이 구금 시설에 개입하는 것, 즉 재소자 노동을 개인적/사적으로 고용하는 것은 착취를 수반할 가능성이 크고, 또 교도행정 관련 처벌권한은 정부의 핵심 기능이므로 민간부문에 위임해서는 안 되기 때문이다(Thalmann, 2004: 8~11).

이에 대한 캐나다의 노력을 살펴보기 위해 2011년의 상황을 살펴보자. 그 해 10월 6일 온타리오 주 지방 선거를 위한 선거운

동의 일환으로 보수진영의 후보였던 팀 휴닥(Tim Hudak)은 모든 교도소에서 일괄적으로 강제노동 수행을 제안했다. 그가 제안한 것은 쓰레기 수거 및 낙엽제거 등 일상적인 작업으로 주 40시간을 수행하자는 것이었다. 교도소에서의 일괄적인 강제노동은 법을 어긴 수감자에게는 형벌로서, 범죄 가능성이 높은 사람에게는 억제책으로서 유효할 것이라는 주장이었다. 흥미롭게도 이 제안에 대해 당시의 캐나다 시민들의 반응은 비열하고 비효율적이라는 의견이 지배적이었다. 나아가 그것은 국제노동기준에 위배되며 오히려 재범 가능성을 높이는 퇴행적인 접근이라는 비판도 함께 제기되었다. 교도소 내의 강제노동은 캐나다가 비준한 국제노동협약에 완전히 위배되는 접근으로서 "강제노동의 즉각적이고 완전한 폐지를 확보하기 위한 효과적인 조치를 취할 것을 약속한" 캐나다의 결의에도 배치되는 것이라는 판단이었다.

이 제안은 당시 이는 온타리오 주 선거에서 잠시 회자되었으나 곧 수그러져 큰 이슈가 되지는 못했다. 교도소 내 모든 수감자들에게 예외 없이 강제노동을 부과하자는 제안에 대해 캐나다 사회가 보여준 비판적 반응은 앞으로 캐나다의 교도행정과 노동부과에 대한 제도적 시스템이 ILO의 기본적 원칙에 어긋나는 일이 발생할 가능성이 적음을 의미한다.

제 3 절

인도 및 동남아 개발도상국가들

1. 인도

1) 기본협약 관련 현황

인도는 8대 ILO 노동 기본협약 중 4개를 비준했다. 인도는 차별철폐 원칙 아래의 제100호 동일가치노동에 관한 남녀노동자 동일보수에 관한 협약과 제111호 고용 및 직업상 차별대우에 관한 협약을 비준했고, 강제노동금지 원칙 아래의 제29호 강제노동에 관한 협약과 제105호 강제노동철폐에 관한 협약을 비준했다. 그러나 인도는 결사의 자유 및 단체교섭에 관한 기본협약을 비준하지 않았고 아동노동철폐 원칙 아래의 2개 기본협약도 비준하지 않았다.

인도에는 결사의 자유 및 단체교섭권·파업권을 제한하는 법과 관행이 여전히 많이 존재한다. 공공부문 노동자의 경우 권리가 더욱 제한된다. 인도는 차별금지 협약뿐만 아니라 균등한 보수에 관한 ILO 핵심 협약을 비준했지만 법률상 결함이 있을 뿐 아니라 실제로 고용 및 임금 차별이 여전히 존재한다. 특히 달리트(Dalit: 4개 카스트에 속하지 않는 최하층 불가촉천민)는 심각한 차별을 당하고 가장 착취당하는 일에 고용되어 있다. 인도는 아동노동 철폐와 최소 연령 노동에 관한 ILO 협약을 비준하지 않았다. 여러 노력에도 불구하고, 아동노동은 인도에서 심각한 문제로 남아 있다. 아동노동에는 위험한 노동과 예속노동(boned labor)이 모두 포함된다. 그리고 인도는 강제노동에 관한 협약을 모두 비준했지만, 강제노동 및 강제매춘과 관련된 인신매매에 대한 보고가 많이 있다. 인도에서는 특히 예속노동이 만연해 있다(Srivastava, 2005: 4~7).

2) 강제노동 금지 협약 관련 사항

인도는 1954년에 제29호 강제노동협약을 그리고 2000년에 제105호 강제노동철폐 협약을 비준했다. 인도 헌법 제23조는 인신매매와 강제노동을 금지하고 있다. 또한 인도형법(Indian Penal Code)과 부정거래방지법(Immoral Traffic Prevention Act)에 이를 금지하는 다양한 조항들이 있다. 1976년에 예속노동제폐지법(The Bonded Labour System Abolition Act)이 채택되었다. 예속노동은 인도에서 심각한 문제이며, 실행 프로그램들이 갖춰졌지만 아직도 해야 할 일이 더 많이 남아있다. 문제가 만연되어 있음을 인식하고 이에 대한 개선 정도를 측정할 수 있는 신뢰할만한 통계는 여전히 부족하다(ITUC, 2007: 11).

2004년 ILO 이행점검 전문가위원회(CEACR) 보고서에 따르면 인도정부는 1976년(예속노동제법 제정)부터 2003년까지 기간에 282,970명의 예속노동자를 확인했다. 예속노동은 농업에서 주로 종사했지만, 광업, 벽돌생산, 면화 및 벨벳 생산 등에도 널리 퍼져있다. 데이터가 부족한 상황에서 국가 차원의 통계 조사가 시급히 필요하다고 이행점검 전문가위원회 보고서는 주장한다(ITUC, 2007: 13). 1976년에 제정된 법에서는 자경단이 예속노동을 다루도록 규정하고 있다. 이 자경단은 2001년에 29개 주에 존재한다. 그럼에도 이행점검 전문가위원회 보고서는 강제노동과 예속노동과 관련된 범죄 기소 건수에 대한 정보가 결여되어 있음을 지적한다. 노예제 폐지 국제 보고서는 "일부 주에서는 지방 치안 판사가 예속노동자 석방이나 사용자 기소를 효과적으로 수행하지 못하고 있다"고 보고했다(HRW, 2007).

인신매매는 인도 전역에 널리 퍼져 있다. 인도사회과학연구소의 2002~2003년 연구에 따르면, "인도의 여러 지역에서 소녀와 여성이 델리로 인신매매되어 오고 있다"고 한다(ITUC, 2007: 8). 이러한 인신매매 피해자들의 노동 조건은 극히 착취적이며 노예와 같은 관행을 포함한다. 근무 시간이 길고 임금이 낮고 때로는 원천 징수되며 건강 위험은 심각하다.

결론적으로 강제노동은 법으로 금지되어 있지만 노동 또는 강제매춘을 목적으로 한 인신매매 형태로 발생한다. 예속노동의 문제가 만연해 있지만 법의 집행과 충분한 처벌이 많이 부족하다.

3) ILO 등 국제기구들의 권고사항

이러한 상황에 대해 국제노동조합총연맹(ITUC)은 세계무역기구(WTO)에 보내는 보고서에서 다음과 같은 사항을 권고하고 있다(ITUC, 2007: 13).

첫째, 모든 형태의 예속노동과 위험한 아동노동을 철폐하기 위해 기존 프로그램은 계속되어야 하고 아울러 추가적인 조치가 취해져야 한다. 여기에는 노동조사에 대한 양적·질적 개선이 포함되어야 한다. 둘째, 아동노동에 대한 신뢰할 수 있는 통계가 필요하며 정부는 적절한 방법론을 기반으로 정기 조사를 착수해야 한다. 셋째, 정부는 모든 형태의 인신매매를 종식시키고 예속노동제 종식을 위한 적절한 조치를 취해야 한다. 특히 충분히 엄격한 처벌을 하는 법 집행 및 범죄자 기소가 필요하다. 넷째, WTO 각료회의에서 인도가 수락한 약속과 ILO 회원국으로서의 의무에 따라 인도 정부는 WTO와 ILO에 입법 변경과 이행에 관한 정기적인 보고서를 제출해야 한다. 다섯째, WTO는 WTO 각료회의에서 핵심 노동기준을 준수하기로 한 약속을 인도 당국이 지키도록 주의를 주어여야 한다. WTO는 ILO가 인도 정부와 함께 이 일에 집중하도록 요청하고 다음 무역정책 검토 시 WTO 총회에 보고서를 제출하게 해야 한다.

ILO는 이행점검 전문가위원회를 통해 예속노동자의 확인과 석방을 위해 타당한 통계방식을 사용하여 예속노동으로 고통 받는 사람들에 대한 정확한 통계를 수집하는 것이 시급하다고 말

했으며 자경단의 효율성 증대를 위해 취한 조치를 보고해 줄 것을 요청했다. 법 집행 문제와 관련하여 위원회는 1976년 예속노동제폐지법에 따른 주별 기소 건수와 유죄판결 및 무죄선고 건수를 알려달라고 요청한 동시에 부과된 처벌의 적절성에 대해 의문을 제기했다(ILO, 2016: 190~193).

4) 인도의 대응

인도는 ILO의 강제노동 관련 기본협약을 모두 비준한 국가다. 제29호 강제노동협약은 1954년에 제105호 강제노동철폐협약은 2000년에 비준하였다. 그러나 비준 후 ILO의 이행점검 결과 수많은 강제노동 관련 미흡사항이 지적되었고 이에 대한 시정조치들을 권고하였다. 그러나 인도에서는 이에 대한 적극적인 입법과 위반자에 대한 처벌, 나아가 현실 인식을 위한 통계조사조차도 제대로 취해지지 않고 있다.

이에 ILO는 단순히 지적사항 및 정보 보고 등을 지시하는 조치에서 벗어나 인도정부와 같이 상황개선을 위한 협업 프로그램을 추진하게 되었다. ILO는 인도정부와 협업 프로그램으로 '좋은 노동 국가 프로그램(Decent Work Country Program) 2013~2017'을 수립하고 최우선 추진 프로그램으로 국제노동 기본 협약의 기준을 증진하기로 하였다(ILO, 2012a: 17). 이에 따라 기본협약 중 비준이 안 된 아동노동협약 등을 비준하고 기존에 비준했으나 이행 점검에서 많은 지적사항이 나온 강제노동금지 협약에 대해서는 관련법 및 관행의 개선 등 적극적으로 개선하기로 했고 이를 위해 구체적인 지표 성공기준도 정하여 추진하기로 했다.

인도는 ILO의 이행점검 지적사항에 대해 개선을 약속하면서도 자국의 경제상황과 사회문화적 상황에 따라 적당히 속도 조절을 하면서 문제점들을 완만하게 개선하고 있다. WTO 및 EU 등의 무역 협약의 조건 등과 연계되는 것들에는 개선 속도를 낼 것이고 그렇지 않은 것에서는 느리게 대응할 것이다.

이처럼 인도는 강제노동금지와 관련된 법과 관행을 충분히 정비하지 않고 협약을 비준하였다. 이에 이행점검 과정에서 많은 지적을 받고 있음에도 개선의 진전은 더디게 진행되고 있다. 이에 WTO 등은 인도의 ILO 국제협약 비준항목에 대한 불이행에 압박을 가하고 있다. 이는 개발도상국들이 EU 일반관세 최혜국대우를 획득하기 위해 ILO 기본협약을 비준하였으나 그 이행에는 소홀히 하는 측면을 강력하게 감시하고 이행을 강요하는 구조임을 알 수 있다. 그러나 그것은 강제사항이 아니기 때문에 이들이 쓸 수 있는 수단은 무역정책의 변경 및 혜택 감소 등에 주로 집중되고 있다.

2. 베트남

1) 기본협약 관련 현황

베트남은 8대 ILO 노동 기본협약 중 5개를 비준하였다. 베트남은 차별철폐 원칙 아래 제100호 동일가치노동에 관한 남녀노동자 동일보수에 관한 협약과 제111호 고용 및 직업상 차별대우에 관한 협약을 비준했고, 아동노동금지 원칙 아래 제138호 취업의 최저연령에 관한 협약과 제182호 가혹한 형태의 아동노동철폐에 관한 협약을 비준했다. 그리고 베트남은 제29호 강제노동협약도 비준하였다. 그러나 제105호 강제노동철폐협약은 아직 비준하지 않았고 결사의 자유 및 단체행동 원칙 아래 제87호 결사의 자유 및 단결권 보호에 관한 협약과 제98호 단결권 및 단체교섭에 대한 원칙의 적용에 관한 협약은 아직 비준하지 않았다.

2) 강제노동 금지 협약 관련 사항

베트남은 2007년 ILO 기본협약 제29호 강제노동협약을 비준하였다. 그러나 제105호 강제노동철폐에 관한 협약은 아직 비준하지 않았다. 베트남은 제105호 협약 비준과 관련해서는 ILO의

2007년 총 조사(General Survey)를 통해 관련법을 정비한 후 적절한 절차를 거쳐 비준하겠다고 밝혔다(ILO, 2007: 133).

기본협약 제29호 비준 전에 베트남 정부는 베트남이 아직 사회·경제적 교육발전 수준이 낮기 때문에 이에 따른 문제를 해결하기 위해 주민 동원이 필요하고 따라서 일정 형태의 의무 공공사업과 공공서비스를 의무적으로 시행하고 있다고 ILO에 밝혔다. ILO 헌장 제19조에 따라 제출한 2006년 보고서에서 베트남 정부는 국회 상임위원회의 관련 공공사업령에 대해 언급했다. 이 법령은 시민의 연례 공공사업 수행 의무(1조와 7조)및 미이행시 처벌(40조)에 대해 규정하고 있다. 정부는 국회 상임위원회에 해당 법령의 폐지를 제안했고 또한 ILO 기본협약 제29호 강제노동 협약 비준을 위해 실천계획을 이행 중이라고 보고하고(ILO, 2007: 133) 2007년 제29호 협약을 비준했다.

이와 같이 베트남은 ILO 기본협약 제29호 강제노동협약을 강제노동으로서 공공서비스 의무와 관련된 제반 법제도와 실행 관행을 완전하게 해결한 후 협약을 비준한 것이 아니라 실천계획의 이행을 약속하고 비준한 것이다.

협약 비준 후 협약 이행점검에서 ILO는 이와 같은 문제점을 지적하고 있다. ILO는 병역 의무 활동과는 무관한 민병대와 자위대의 공공서비스 노동일수가 2010년 7월에서 2012년 12월 사이에 민병대 163,124명, 자위대 2,508,812명임을 지적했다. 베트남은 2004년의 관련법을 2009년 민병대와 자위대에 관한 법률로 대체했는데 이 법 제8조 3항에서는 민병대 및 자위대의 임무는 특히 숲을 보호하고 산불을 방지하고, 환경과 건설 및 지역 사회 및 시설의 사회 경제적 발전을 보호하는 것을 포함한다고 명시하고 있다. 이와 관련하여 ILO 이행점검 전문가위원회는 이러한 임무가 군사적 성격을 띠는 것으로 보이지 않으며, 협약 제29호 제2조 2항 (a) 예외조항인 군복무의 엄격한 업무에 해당되지 않음을 지적하고 민병대와 자위대는 오로지 군사적 성격의 일에만 종사하도록 권고했다. ILO 이행점검 전문가위원회는 이와 관련된 조치사항을 다음 보고서에 제공해 주길 요청했고, 1981년 군복무법 전문을 제공해 주길 요청했다(ILO, 2017: 258).

이처럼 베트남은 2007년 강제노동금지협약을 비준하기 전 공공사업 및 공공서비스 의무에 대해 보고하였고 ILO는 이것이 협약과 상충함을 지적하고 이를 개선하기 위한 실천계획을 실행한다는 기반 하에 베트남 정부는 비준하였다. 그러나 비준 후 지속적인 협약 이행점검 과정에서 ILO는 군사적 활동 외의 공공서비스의 의무 활동은 강제노동의 예외사항이 아님을 지적하고 이에 대한 개선조치를 지속적이고도 강력하게 요구하고 있다.

베트남의 공공서비스 의무 활동은 우리의 공익근무제도 및 병역특례제도와 유사하다고 할 수 있는 관행으로 우리에게 시사하는 바가 크다.

3) ILO 등 국제기구들의 권고사항

앞에서 살펴본 것처럼 ILO는 이행점검 전문가위원회 보고서를 통해 기본협약 제29호 강제노동협약에서 규정하고 있는 공공서비스의 강제노동 사례에 대해 지속적으로 문제를 제기하고 있다. 이와 더불어 베트남이 EU와의 FTA 체결 및 환태평양경제동반자협정(TPP) 체제 가입 등 글로벌 경제체제로의 편입이 가속화함에 따라 이와 연계하여 ILO 기본협약 준수를 요청하고 있다.

베트남이 사회주의 개방경제를 가속화함에 따라 미국과 유럽의 베트남에 대한 국제노동기준 준수의 압박은 점점 강해지고 있다. 미국은 미국과 베트남 사이에 체결된 '무역 및 노동관계 강화계획'(Plan for Enhancement of Trade and Labor Relations)'에 따라 관련 내용의 이행을 요구하고 있다. 이는 2016년 베트남이 TPP의 노동 관련 조항에 따라 자국의 노동 관련 법률적・실질적 의무 이행 약속을 골자로 하는 부차적 협정을 미국과 체결한 것으로서 주요내용은 양국 간 TPP 효력이 발생하기 전 베트남의 노동 관련 법규의 개혁을 요구하고 있으며, 독립적인 노조설립 허용 조약을 이행하지 않을 시 무역제재 (TPP에 따른 관세인하를 보류 또는 중지) 행사 가능성을 명시한 것이다(신선영, 2017)

유럽의 경우도 베트남-EU FTA를 체결하면서 ILO의 기본협약 준수를 명문화하였다. 즉 베트남-EU FTA는 신규 노동기준 및 협약을 별도로 신설하지 않고 ILO 회원국에 부여되는 의무 및 1998년 ILO 선언 준수를 통한 ILO 기본협약을 이행하며 미비준 협약의 비준을 위한 지속적 노력을 할 것을 명문화했다

(이재욱, 2015).

4) 베트남 정부의 대응

최근 베트남은 글로벌 경제체제로의 편입이 가속화됨에 따라 이에 따른 노동법 체계의 변화를 시도하고 있다. 베트남의 노동법은 1994년 최초로 제정되어 현재는 2012년 개정된 노동법 체계 하에서 운영되고 있다. 현행 노동법은 '2012년 노동법'으로 베트남의 노동환경 개선과 국제사회 편입에 상당히 기여한 것으로 평가되었다. 하지만 법규 시행 과정에서 현행 노동법의 불합리성이 다방면에서 노출되어 왔으며, 특히 글로벌 경제편입과 노동시장 환경변화에 따른 새로운 요구들이 지속 발생함에 따라 법 조항의 수정 및 보완 필요성이 끊임없이 제기되어 왔다(박재명, 2017: 102).

이에 베트남 국회 상무위원회는 '2017년 법률 및 법령 구축계획 조정 결의안'을 상정 논의하였고, 노동보훈사회부는 노동법 개정안에 대한 법안을 마련 중이다. 개정되는 노동법의 주요 이슈는 ILO의 기본협약과 관련하여 노동자에게 보다 나은 조건의 취업 기회 제공 및 강제노동 동원 방지, 복수노조 금지 등 노조법과 단체행동권의 허용범위 여부 등이다. 이를 통해 베트남은 강제노동금지 관련 기본협약을 준수하고 미비준 협약인 제105호 강제노동철폐협약의 비준을 시도할 것으로 여겨진다.

베트남은 글로벌 경제체제 편입에 따른 경제적 이유와 자국의 사회경제적 현실 사이에서 적절한 타협으로 2007년 ILO 기본협약 제29호 강제노동협약을 먼저 비준하고 지속적인 지적사항에 대해 점진적으로 개선해 나가고 있다. 아울러 2019년 발효 예정인 EU-베트남 FTA 그리고 TPP 등 글로벌 경제체제로의 편입 속에서 국제노동기준의 수용을 위해 국내법 체계의 개정을 준비하고 있다.

베트남은 강제노동 관련 협약에서 제29호는 자국의 경제적 혜택을 위해 먼저 비준하고 사후 관련 법, 제도, 관행을 개선해 나가는 전략을 취하는 반면, 제105호 관련해서는 먼저 관련 법제도 및 사회적 여건을 점검하면서도 아직 비준하지 않는 입장을 취하고 있다.

3. 태국

1) 기본협약 관련 현황

태국은 8대 ILO 노동 기본협약 중 6개 협약을 비준하였다. 차별철폐 원칙 아래 협약 제100호 동일가치노동에 관한 남녀노동자 동일보수에 관한 협약과 제111호 고용 및 직업상 차별대우에 관한 협약을 비준했고, 아동노동금지 원칙 아래 제138호 취업의 최저연령에 관한 협약과 제182호 가혹한 아동노동 철폐에 관한 협약을 비준했다. 그리고 강제노동금지 원칙 아래 제29호 강제노동협약과 제105호 강제노동철폐협약을 비준했다. 그러나 결사의 자유 및 단체행동 원칙 하의 제87호 결사의 자유 및 단결권 보호에 관한 협약과 제98호 단결권 및 단체교섭에 대한 원칙의 적용에 관한 협약은 아직 비준하지 않았다.

2) 강제노동 금지 협약 관련 사항

태국은 강제노동금지와 관련한 협약인 제29호와 강제노동철폐 협약인 제105호를 모두 1969년에 비준을 마쳤다.

제29호와 관련하여 태국은 인신매매와 이민노동자에 대한 강제노동의 문제에 지속적으로 대처하고 있다. 인신매매에 대한 강력한 법적 수단으로 2008년 '인신매매금지법'을 입법 발효하였다. 이 법에 따라 인신매매금지위원회와 인신매매금지 조정감시위원회를 설치하여 이 법을 운영 감시하는 주요한 역할을 수행하도록 하고 있다. 아울러 태국은 인신매매 방지를 위한 실행계획을 수립하여 실행하고 있다. 이 실행계획은 2011년 수립된 '인신매매 방지와 억제를 위한 전략과 조치에 대한 국가정책'이다. 또 기록상에 없는 이민자 문제에 대해서도 대응하는 노력을 지속적으로 수행하고 있다(ILO, 2017: 240).

태국은 인신매매의 발생지이며 경유지이자 목적지이다. 이에 따라 이를 감시하는 정부기관은 '사회개발 및 인간안전부'를 필두로 8개의 정부기관이 관여하여 각자의 역할을 수행하고 있다.

강제노동은 3D 업종의 인력공급과 관련된 민간 사업영역에서 주로 발생하고 또 범죄와 연계되어 있어서 그 전모가 제대로 파악되지 않고 있다. 따라서 강제노동분제는 형사사법체계와 긴밀히 공조하여 추진할 필요가 있다. 이런 이유로 태국은 2014년 미국무부의 인신매매보고서에서 2등급 국가에서 3등급으로 등급이 추락했다. 2015년 사회개발부는 인신매매와의 전쟁을 공공매체를 통해 선포하고 관련 조사보고서를 발간했다. 이 보고서는 기록상에 없는 이주자들이 많다는 점, 적절한 불만신고 채널이 없다는 점, 이주자 채용기관들이 투명하지 않은 점 등을 지적하였다(Tova, 2015: 78).

다음으로 강제노동철폐 협약 제105호와 관련한 현황이다. 태국은 2003년 10월 20일 업무수행을 위한 선원의 선박 강제 승선과 부적절한 결근 방지를 규정한 법률을 폐지했다(ILO, 2018: 221). 그러나 태국 노동관계법은 파업이 국가경제에 심각한 피해나 공중에 어려움을 야기하고 국가안보에 영향을 주며 공공질서에 반할 수 있다고 판단하여 장관이 정상 업무 복귀를 명한 경우 파업 참여자에게 (의무노동을 수반하는) 금고형을 부과할 수 있다. 그리고 형법 117조에 따라 국가의 법 개정, 정부 강압 또는 국민 위협을 목적으로 파업에 참여하는 경우 (의무노동을 수반하는) 금고형을 내릴 수 있다. 정부는 실제로는 이 조항이 적용된 적이 없다고 설명한다. ILO는 태국 형법 117조를 ILO 협약 제105호 및 명시한 관행에 부합하도록 하기 위해 동 조에 의한 처벌 범위에서 노동자의 직업적 이익에 영향을 미치는 경제적・사회적 목적을 추구하는 파업을 삭제하는 동 조항을 개정하는 조치를 취할 것을 요청했다(ILO 2017: 240).

3) 태국의 대응

이상에서 보듯이 태국은 1969년 비교적 일찍 강제노동금지와 관련된 두 기본협약을 비준했지만, 제29호의 금지사항과 관련된 인신매매와 이주노동자들의 강제노동은 완전히 근절하지 못하고 있다. 또한 제105호와 양립하지 못하는 국내 형사법 체계가 아직 존재하고 있으며 시정을 요구받고 있는 상황이다.

태국은 ILO의 이행점검 전문가위원회의 지속적인 지적에 따라 점진적인 개선을 계속해나가고 있다. 이주노동자의 강제노동과 저임금 노동착취를 개선해야 한다는 지적에 따라 태국은 1985년 '채용 및 구직자 보호법'(Recruitment and Job-Seeker Protection Act)을 제정했다. 2008년에는 국내적으로 근절되지 않아 국제적으로 계속 비난받고 있는 인신매매를 방지하기 위해 '인신매매방지법'(Anti-trafficking in Person Act)을 제정했다. 법 제정에도 불구하고 ILO로부터 지속적으로 지적을 받자 2015년에 '인신매매방지법'을 2차 개정하여 형량 및 벌금을 강화하는 조치를 취하였다. 그리고 선원에 대한 강제노동이 근절되지 않자 2015년 이와 관련한 왕실 조례를 제정하여 실행하였다. 그리고 강제노동 관련 법 위반자에 대한 신속한 처벌을 위해 2016년 '인신매매에 관한 형사소송법'을 통해 신속하고 효과적인 기소를 할 수 있도록 했다(IJRC, 2017).

이와 같이 태국은 ILO의 강제노동 관련 두 협약을 조기에 동시 비준했으며, 이후 ILO로부터 지적받는 사항들에 대해 사후에 꾸준히 대처하고 있다.

제 4 절

소 결

캐나다는 병역제도와 관련하여 강제노동의 문제가 발생할 여지가 없다. 강제노동 관련한 ILO 제105호 협약에 이어 지난 2011년 제29호 협약 비준 시에 캐나다의 병역제도와 관련한 문제는 큰 장애가 되지 않았다. 독일은 병역의무에 대한 양심적 거부자에 대한 인정 가능성을 기본헌법에 열어놓은 상태에서 ILO 강제노동 관련협약을 비준한 후에 제도적 정비를 통해 공식적으로 대체복무제를 운용하면서 사실상 많은 인력을 대체복무로 돌리게 되었다. 독일에서 대체복무제를 처음 도입한 1967년에는 양심적 병역거부 신청자가 6,000명 정도의 수준이었으나 10년 후에는 약 7만 명으로 증가하여 대체복무제가 일상적인 제도가 된 것으로 볼만하다. 물론 이와 관련하여 대체복무를 병역기피의 수단으로 악용되는 것을 방지하기 위한 다양한 노력도 분명히 경주해야 할 것이다(중앙일보, 2018, 8. 19). 어쨌든 ILO는 당시의 독일의 대체복무제로 운용되는 노동의 동원에 대해 강제노동 협약의 위반으로 문제를 제기하지 않았다.

이집트의 NSPO는 경제발전을 위해 군인 또는 병역을 대신한 징집인력을 동원하는 것으로서 충분히 ILO 협약에 대한 위반 행위로 볼만하다. 어떻게 보면 ILO가 강제노동 관련 협약을 통해 지금까지 금지하려고 했던 사항이라 할 수 있다. 그럼에도 ILO는 결사의 자유과 같은 노동의 자유권 침해에 대한 경고로 이집트를 2008년에서 2010년까지 블랙리스트 국가로 지정하기는 했으나 병역제도와 관련한 강제노동을 심각한 문제로 제기하지는 않았다. 이는 결사의 자유와 단체행동 등과 같은 노동의 권리는 어떤 상황을 막론하고 보호되어야 하는 가치로서 그것에 대한 위반 여부를 판단하는 것은 수월한 데 비해 국가안보와 군사적 성격을 복합적으로 띠면서 운용되는 대체복무의 특수성에 대해서는 쉽게 판단을 내리기 힘들기 때문이다.

독일 등 선진 민주주의 국가를 포함하여 전 세계적으로 병역거부자에 대한 대체복무제도에 강제노동의 성격이 다소 존재하는 것을 부정하기는 힘들다. 그럼에도 ILO는 어째서 심지어 이집트의 병역제도와 노동활동을 포함해서 대체복무에 대해 심각하게 부정적으로 평가하지 않았을까? ILO의 입장에서 볼 때 그것이 기존법률에서 강제하는 사항에서 벗어나 노동에 더 유리한 조건을 제공한다고 인식했기 때문이다. 즉 인권보장 측면에서 볼 때 병역을 거부하는 양심적 결정을 제도적으로 수용함으로써 그것을 보다 높은 상위의 중요한 가치에 부합되게 운영된다고 판단했기 때문이다. 또한 병역거부에 따른 대체복무가 정당성을 인정받고 이와 관련하여 자국의 법률에도 합리적인 규정이 존재한다면 ILO는 이를 무조건 강제노동을 위반한 것으로 판단하기는 어렵다. ILO가 강조하는 것처럼 공적 기구로서의 국가가 지니는 고유한 주권을 인정해야 하기 때문이다. 이 같은 이유로 병역제도에 따른 대체복무제에 대해 일괄적이고 단순하게 위반 여부를 판단하는 것은 앞으로도 간단하지 않을 것으로 보인다. 이는 한국의 상황을 놓고서도 위반 여부를 가려내는 판단 과정이 그리 쉽지 않을 것임을 시사한다.

세계적 트렌드와 교도작업의 효율성 및 각국의 특수한 맥락과 관행 등을 종합적으로 고려할 때, 민영교소도 제도나 교도소 내 수감자에 부과되는 노동을 단기간에 일률적으로 폐지하거나 금지하는 것은 불가능하다. 다만 재소자 노동이 강제노동에 해당하지 않도록 하기 위해 ILO가 요구하는 요건들에 부합하는 방안들은 충분히 고려할 수 있을 것이다. 특히 민영교도소라 할지라도 수감자자 충분한 정보를 제공받고 이에 대해 자유롭고 자발적으로 노동수행에 동의하는 경우와 노동조건이 통상의 자유로운 고용관계와 유사한 경우에는 민영교도소 내 노동수행이 강제노동 조건에 해당되지 않는다.

이런 요건에 맞게 해외 국가들이 ILO 기준을 어떻게 위배하지 않는지를 검토하면서 다양한 국가들의 상황을 참조할 수 있다. 예를 들어, 민영교도소 제도를 인정하는 영국, 호주 등의 경우에는 수감자의 동의와 노동조건 등에 있어서 독일이나 프랑스 등에 비해 법률적 수준에서는 보호 정도가 약하지만 부속조항이나 여타 관련 기준들을 통해 민영교도소 재소자 노동에 대한 보호장치들을 구비하고 있다. 독일이나 프랑스는 이 문제를 다른 나라에 비해 법률적 수준에서 보다 명확하고 구체적으로 대처하고 있다. 독일의 경우에는 재소자가 민간기업을 위해 노동을 수행할 경우, 즉 민간기업에 취업하는 것으로 볼 수 있는 경우에는 재소자의 동의가 있어야 한다는 것을 법률적으로 명시적으로 규정하고 있다. 프랑스의 경우 재소자가 직접적인 당사자로서 자유롭고 자발적으로 노동계약을 하는 주체가 되어 민간부문에서 재소자의 노동수행이 ILO 협약에 위반될 가능성을 차단한다(김소영 외, 2001: 86).

아시아의 개발도상국에서 이루어지는 ILO 강제노동관련 기본협약의 비준과 이행 현황 및 각국의 대응은 서구 민주주의 국가들의 상황과 다소 다른 것이 사실이다.

인도는 강제노동금지와 관련된 법률과 관행을 충분히 정비하지 않은 상태에서 협약을 비준했다. 이 때문에 이행점검 과정에서 많은 지적을 받고 있음에도 개선의 진전이 더디게 진행되고 있다. 이에 ILO는 WTO 등 여러 국제기구들과 연계하여 인도의 ILO 협약 비준항목의 불이행에 대해 압박을 가하고 있다.

베트남은 자국의 경제개발 전략에 따라 선 비준 후 관련 법제도 정비의 경로를 취하고 있다. 베트남은 강제노동 관련 협약에서 제29호는 자국의 경제적 혜택을 위해 선 비준하고 사후 관련법, 제도, 관행을 개선해 나가는 전략을 취하고, 제105호 관련해서는 선 관련 법제도 및 사회적 여건을 검토하면서 비준은 하지 않는 입장을 취하고 있다.

태국은 ILO의 강제노동 관련 두 협약을 조기에 동시 비준하고 지적받는 사항들에 대해 꾸준하게 사후 대처하는 방식을 실행하고 있다. 태국은 국제적인 노동기준을 먼저 비준하여 도입하고 이를 바탕으로 국내 실정에 적합하게 지속적으로 개선하는 동력으로 사용하는 전략을 실행하고 있다고 할 수 있다.

개발도상국들은 국제사회의 일원으로 역할하고 글로벌 경제체제 속에서 혜택을 받기 위해 그들 국가의 사회경제적 조건이 성숙하지 않더라도 선 비준 후 제도 및 관행 정비의 경로를 취하고 있다.

한국은 국제사회의 책임 있는 일원이자 주요 국가로서 ILO가 제시하는 국제 기준의 보편타당한 노동기준에 대해 기본적으로 책임 있는 자세로 임할 필요가 있다. 다만 서구 민주주의 국가들의 다양한 상황을 고려해 보면, 이는 국내의 법적·제도적 현황 및 한국 고유의 사회정치적 맥락과 국가 구성원들의 인식과 감정을 두루 포괄할 때 가능하다.

제4장

강제노동 관련 협약 쟁점 및 정책 분석

제 1 절

강제노동협약 비준 필요성 및 경과

ILO의 국제노동기준에서 결사의 자유(제87호, 제98호), 강제노동(제29호, 제105호), 아동노동(제138호, 제182호), 균등대우(제100호, 제111호)와 관련한 8개 협약은 ILO 회원국이라면 반드시 지켜야 할 기본 협약이라 할 수 있다. 국내 연구자들 사이에서 8개 기본협약(Fundamental Conventions)을 두고 핵심 협약이라고 종종 번역되고 있다. 하지만 이는 이후 회원국 간 자유무역협정(FTA) 과정에서 국가 간 공정무역과 경쟁이라는 측면에서 요구되는 ILO 핵심노동기준(core labor standards) 개념과 혼용한 데 따른 것으로 기본권과의 연계를 고려하면 '기본협약'이라고 불러야 마땅하다. 그만큼 ILO 기본협약은 노동기본권 중에서도 다른 모든 협약의 근본과 바탕이 되는 동시에 모든 국제노동기준의 출발점이라고 할 수 있다.

매년 발표되는 세계경제포럼 보고서(2019)에서도 나타나듯이 우리나라의 노동기본권은 140개 분석대상 국가 중 노동자 권리 108위, 노사관계 124위 등 후진국 대열에서 벗어나지 못하고 있다. 특히 우리나라는 그동안 OECD 회원국 중 강제 노동협약(제

29號)과 강제노동철폐협약(제105號)을 모두 비준하지 않았던 유일한 나라로서 ILO 회원국 내에서의 한국의 위상을 떨어뜨렸던 요인으로 지적받아 왔다. 문재인 정부는 ILO 출범 100주년이 되는 지난 2019년을 맞이하면서 우리나라가 세계 10대 경제선진국에 걸맞게 노동권의 선진국으로 자리매김하기 위해서는 결사의 자유 및 강제노동협약 등 ILO 기본협약의 조속한 비준을 위해 노동계뿐만 아니라 경제계 및 정치권에 적극적인 노력을 요구해 왔다.

1998년 제86차 ILO 총회에서도 '노동에서의 기본권 및 원칙에 관한 선언'에서 "모든 회원국이 문제의 협약들을 비준하지 않았더라도 ILO 회원국이라는 사실만으로… ILO 헌장에 따라 존중하고, 증진하며, 실천할 의무가 있다."라고 강조하고 있듯이 문재인 정부도 이들 기본협약의 비준을 통해 세계 10위권의 경제 대국으로서 뿐만 아니라 노동기본권의 선진국으로서 발돋움하기 위해 노력해 왔다.

특히 문재인 정부 초기 한일 외교에서 뜨거운 쟁점이 되었던 위안부 문제도 ILO의 강제노동협약(제29號) 비준과도 깊은 관련이 있다는 점에 주목할 필요가 있다. 주지하듯이 일본은 ILO 강제노동협약(제29號)을 1932년에 통과시킨 이후에도 우리나라 국민을 대상으로 위안부 동원과 강제징용을 지속해 왔다. 따라서 일본을 대상으로 과거 벌어진 강제노동의 문제에 대해 정당하게 문제를 제기하기 위해서는 회원국 대부분이 이미 비준한 강제노동 협약(제29號)과 강제노동철폐협약(제105號)부터 비준

할 필요가 있었다.

문재인 대통령도 이미 지난 2017년 9월 가이 라이더 ILO 사무총장 방문 시, 결사의 자유 및 강제노동협약 등 4개 기본협약에 대한 비준을 약속한 바 있었다. 결사의 자유 협약(제87호)은 노동자와 사용자 모두에게 적용되는 시민권과 자유권에 속하며, 단결권과 단체교섭 협약(제98호)은 노동권을 보장하는 민주주의 사회에서 주어진 노동의 기본적 권리로서 마땅히 보장해야 했다. 특히 강제노동협약(제29호)과 강제노동철폐협약(제105호)은 ILO 회원국의 대부분이 비준한 기본협약으로서 시기와 방법의 문제일 뿐 이른 시일 내에 비준할 수 있도록 보다 치밀하게 계획하고 준비해 나갈 필요성이 제기되었다.

그러나 ILO 기본협약에 대한 비준을 위해 사회적 대화 기구인 경제사회노동위원회 산하 '노사관계제도 · 관행개선위원회'의 논의를 통해 공익위원 만장일치로 합의안을 제시했음에도(2018. 12. 20) 불구하고 경총과 야당(국민의 힘)의 반대로 사회적 합의에 이르지 못하였다. 결국 ILO 기본협약 비준 동의안은 출범 100주년인 2019년을 넘긴 2021년에 가서야 다수당인 여당(더불어민주당)의 주도로 국회 본회를 통과하게 되었다(2. 26). 하지만 결사의 자유 및 단결권 보호에 관한 협약(제87호)과 단결권 및 단체교섭권 원칙의 적용에 관한 협약(제98호) 그리고 강제 또는 의무노동에 관한 협약(제29호)만 비준되었을 뿐, 강제노동 철폐협약(제105호)은 비준하지 못했다. 특히 강제노동 철폐협약(제105호)의 경우 ILO 회원국 187개국 중 비준하지 않는 나라는 우리나라를 포함해 동티모르, 일본, 중국 등 11국에 불과하다. 그럼에도 이번 국회에서 강제노동 철폐협약(제105호)이 비준을 받지 못한 배경에는 분단 상황에서 유지되고 있는 국가보안법, 집시법과 정치적 견해와 의견 표명 그리고 파업 참가에 대한 제재 수단으로서의 강제노동을 허용하고 있는 국내 형벌체계와의 모순을 둘러싼 여야 간 이견 때문으로 분석된다.

다음 절에서는 이번에 국회에서 비준안이 통과된 강제 또는 의무노동에 관한 협약(제29호)과 비준을 받지 못한 강제노동철폐협약(제105호)에 관련된 주요 국내법 개정 및 쟁점에 대해 살펴보기로 한다.

제 2 절

ILO 강제노동 관련 협약 비준과 정책 쟁점

우리나라의 ILO 강제노동협약(제29호) 비준과 관련하여 가장 큰 쟁점은 병역법 개정과 공익근무요원 등 대체복무제도에 관한 사항이다. ILO 강제노동협약 제29호는 병역의무에 따른 노동은 강제노동에 해당하지 않는다고 규정하고 있다(제2조 1항).

<표 4-1> 보충역 제도 운영현황

구분		'17년 편입 인원 (현역의 경우 '17년 입영 인원)	현역 입영 인원 대비 편입 인원
현 역		227,115명	-
보충역	사회복무요원	30,620명	13.48%
	전문연구요원	2,305명	1.01%
	산업기능요원	13,057명	5.75%
	예술·체육요원	36명	0.02%
	공중보건의사	1,368명	0.60%
	병역판정검사전담 의사	49명	0.02%
	공익법무관	179명	0.08%
	공중방역 수의사	150명	0.07%

자료: 병무청 병무통계연보 2017

하지만 ILO의 강제노동협약은 사회복무요원, 전문연구요원, 산업기능요원 등 순수한 의미에서의 병역의무가 아닌 대체복무의 경우 강제노동협약 위반 소지가 있어 향후 이들 대체복무 관련 제도를 어떻게 바꾸어 나갈 것인가가 주요 쟁점으로 떠올랐다. 우리 정부로서는 현재 필요 현역 규모는 한정되어 있어 대체복무 보충역이 현역 징집대상이 아니라고 판정하게 되면 군 복무에서 완전면제를 의미해 모든 국민에게 병역의 의무가 부과된 상황에서 국민정서상 형평성 논란에 직면할 가능성이 크다.

2017년 말 현재 현역 입영 대상 인원은 22만 7천 명이고 이 중에서 보충역으로 편입된 인원은 4만 7,764명으로 집계되고 있다. 그중 대다수는 사회복무요원으로서 그 규모는 3만 620명으로 현역 입영 대상 인원의 13.5%를 차지하고 있다. 또한 산업기능요원(13,057명)과 전문연구요원(2,305명)의 경우 연구기관과 산업체가 일정 요건을 갖추고 신청을 통해 병역지정업체로 지정을 받고, 병역지정업체별 배정 인원을 부여받게 되면 해당 업체에서 근무하는 자가 산업기능 요원 또는 전문연구 요원으로 복무하게 된다. 또한 공중보건의사, 전문연구요원, 공익법무관 등은 복무 요건으로 석사 이상의 학위 또는 자격증 등을 요구하고 있으며, 본인의 자발적인 신청 하에 일부 소수만을 선발하여 운영하고 있다.

ILO 강제노동협약(제29호) 비준 시 공익근무요원(사회복무요원, 산업기능요원 등)이 병역의무로 강제노동협약 적용 제외 사항에 해당하는지 여부와 관련 법 개정 문제가 가장 큰 쟁점이

되고 있다. ILO 전문가위원회는 공익근무요원의 강제노동에 대한 법적 근거로서 “공익근무요원 등의 근무이탈은 3년 이하의 징역에 처한다(공중보건의 및 공익법무관의 근무이탈도 동일하게 적용된다)”는 병역법 89조 2항을 지적하며 동 법률은 협약 제2조(1)의 ‘강제노동’ 강요라고 판시하고 있다. 따라서 ILO 전문가위원회는 강제노동협약(제29호)의 준수를 위해 공익근무요원(및 공익 보건의, 공익법무관 등 유사한 기타 분류)을 의무소집이 아니라 자발적으로 채용할 것을 제안하고 있다. 이를 위해 관련 법률의 적절한 수정을 요구하고 당시 노무현 정부에서 일시적으로 검토했던 ‘유급지원제도’ 도입 계획에 주목한 바 있다.

강제노동협약(제29호) 비준을 위한 병역법 개정 관련 또 다른 주요 쟁점은 바로 양심적 병역거부자 문제이다. 이와 관련하여 헌법재판소는 2018년 6월 28일 병역거부자에 대해 대체복무를 규정하지 않은 병역법 제5조 제1항에 대해 과잉금지원칙을 위배하여 양심적 병역거부자의 양심의 자유를 침해한 것이라며 헌법불합치 결정을 내리면서 양심적 병역거부자에 대한 대체복무제 도입 논의가 활성화되었다. 대법원 2018월 11월 1일 전원합의체 판결(사건번호: 2016도10912)에서 종교적 신념에 따라 입영을 거부하는 것이 '정당한 병역거부 사유'에 해당한다고 판단하고, 판결 이후 양심적 병역거부로 실형을 받았던 수감자 57명을 2018년 11월 말 조기 가석방하였다. 따라서 병역법 개정 시 대체복무 수행의 의무와 관련이 있는 양심적 병역거부자의 의무복역 대상 제외 사항도 추가적인 검토가 필요할 것이다. 양심적 병역거부자들에 대한 의무 군복무 제외 및 대체근무는 양심의 자유라는 이름으로 개인에게 요청에 따라 부여되는 사회적 특권으로 간주할 수 있기 때문이다.

< '79년 일반조사 내용>

양심적 병역거부와 관련하여, 제29호 협약에는 징집명령 이전에조차도 해외 협력 프로그램의 목적으로 일정한 자격을 갖춘 청년이 교사, 엔지니어, 의사, 전문가·기술전문가로서 실제로 병역이행을 하도록 허락해달라고 신청하는 것을 막는 조항은 없음.

개인의 요청이 없더라도, 교육부 소속 교사가 보수와 지위를 유지하면서 교육부가 지정한 마을에 교사로서 국가의 업무를 수행하는 경우에는(본인이 군인으로서 병역이행 요청이 없는 한) 직종의 중요성에 따라 때때로 특정인에게 부여되는 병역면제에 해당하는 것으로 볼 수 있음.

하지만 ILO 전문가위원회는 병역법에 따라 소집된 집단의 일부가 비군사적 성격의 노무에 활용되는 상황에서 정상적 군복무 및 비군사적 노역 간의 선택이 가능한 경우에도 다른 형태의 복무 간 선택이 강제노역 의무의 틀 내에서 이루어지는 것이므로 선택의 존재 그 자체만으로는 협약의 적용 대상에서 제외할 수 없다는 견해를 취하고 있다. 다만 ILO는 양심적 병역거부의 경우 양심적 병역거부가 인정되지 않는 경우보다 더 유리한 지위에 있는 것으로 개인의 특권의 성격을 가지므로 양심적 병역거부자에 대한 징병의 대안으로 대체복무를 의무화하는 경우는 강제노동으로 보지 않는다(1979년 일반조사, para 30; 2007년 일반조사, para 44).

1. 강제노동과 교도작업 관련 쟁점

ILO 강제노동협약(제29호)과 강제노동철폐협약(제105호) 비준과 관련하여 또 다른 주요 쟁점은 현행 국내법에서 적용하고 있는 교도작업이 ILO 강제노동협약 기준에 부합하는지 여부라고 할 수 있다. ILO 강제노동협약에 따르면 "법원판결의 결과로 강요되는 노무는 강제근로는 아니지만, 공공기관의 감독 관리하에 행해지며, 사인・회사 또는 단체에 고용되거나 그 지휘에 복종하는 경우에는 강제근로에 해당 한다"(제2조 3호)고 규정하고 있기 때문이다.

<표 4-2> 강제노동협약(29호) 비준 관련 쟁점(요약)

구분	주요 내용	협약 비준 쟁점	비준 관련 제도보완 사항
제29호 강제근로에	· 병역의무의 이행으로서 대체복무제도는 협약 위반 아님(제2조 1항)	· 공익근무제도가 대체복무에 해당하는지가 쟁점(병역법 제26조) · 공익근무제도는 경제적 이익 목적의 공공업무가 아니고,	비준 관련 법 제도 사항 · ILO 협약 전문가는 군대와 관련해 강제근로 여부를 판단하는 ILO의 기준은 순수한 군사적 동원인지 여부 문제

관한 협약	· 법원판결의 결과로 강요되는 노무는 강제근로는 아니지만, 공공기관의 감독 관리 하에 행해지며, 사인· 회사 또는 단체에 고용되거나 그 지휘에 복종하는 경우에는 강제근로에 해당(제2조 3항)	법률에 따라 군복무의 대체로 수행되며, 당자에 유리하고, 당사자가 원하면 다른 병과의 현역병지원 기회도 있음에 비추면 대체복무 해당 가능성도 있음 · 형의 집행 및 수용자의 처우에 관한 법률에 따른 외부통근작업은 교정시설 소장 판단으로 하고, 작업수입이 국고에 귀속되어 협약 위반 가능성 있음(제65조, 제66조, 제68조, 제73조. 다만 외부통근작업은 수형자의 사회복귀 등의 목적과 수용자 동의에 기초하여 수행되며, 작업수입은 원칙적으로 국고에 귀속되나 일부는 퇴소 시 지급하여 협약 위반 아닐 가능성도 있음 · 외국인 고용허가제의 취업기한 제한, 사업장 변경 제한 등이 강제근로에 해당 가능성 지적도 있음(외국인근로자의 고용 등에 관한 법률 제18조 2항, 제25조 4항). 다만 현행법은 외국인 고용허가제에 의한 사용 기간을 설정, 사업주로부터 부당한 처우 시에는 사업장 이동을 허용하고, 이를 방해하는 사업주에 대한 처벌로 강제근로 예방(제18조 2항, 25조 1항~3항, 제29조 4항)	로서 수행하는 공익업무에 대한 선택이 아니라 현역과 공익근무 간의 선택이 가능해야 한다고 밝힘(ILO 질의서 답변) 비준 관련 법 제도 사항 · ILO 협약 전문가는 수용자 외부통근작업과 관련 법원의 유죄판결에 따라 재소자가 감옥에 간 후 해당 재소자의 동의하에 민간기관의 통근작업이라면 강제근로가 아니라 하면서, 재소자의 동의란 임금수준이 높아 서로 희망하는 등 일정 부분 경쟁이 존재해야 한다는 것을 의미한다고 함(ILO 질의서 답변). 비준 관련 법 제도 사항 · ILO 측과 추가 협의 필요

자료: 이상희(2010: 225~226)에서 재구성

현재 국내법에서 적용하고 있는 형의 종류는 사형, 징역, 금고, 자격상실, 자격정지, 벌금, 구류, 과료, 몰수 등 총 9가지(형법 제41조)로서 법률을 현저히 위반할 시 교도소 내에 가두어 정역에 복무(형법 제67조)하도록 하고 있다. 이에 따라 수형자는 자신에게 부과된 작업과 그 밖의 노역을 수행하여야 할 의무가 있다(형집행법 제66조). 또한, 이 경우 교도소장은 수형자에게 작업을 부과하려면 나이·형기·건강상태·기술·성격·취미·경력·장래 생계, 그 밖 수형자의 사정을 고려하여야 하며(형집행법 제65조), 금고형 또는 구류의 집행 중인 사람에 대하여는 신청에 따라 작업을 부과할 수 있도록 규정하고 있다(형집행법 제67조). 이러한 법률 규정에 따라 실제 운영되고 있는 교도작업은 크게 ① 직영작업, ② 위탁작업, ③ 개방지역작업, ④ 외부기업통근작업(교도작업운영지침 제6장, 제7장) 등으로 나누어져 이루어지고 있다.

하지만 문제는 ILO 강제노동협약에서 이러한 징역형에 따른 교도작업이 사인· 회사 또는 단체에 고용되거나 그 지휘에 복종하는 경우에는 강제노동으로 간주하고 있다는 점이다. 대체로 강제노동협약 비준과 관련한 ILO 강제노동협약 조항을 비껴가기 위해서는 재소자가 자발적으로 교도작업을 요청하는 경우 협약 적용에서 제외되며, 자발성 지표로서 '자유노동에 가까운 근로조건'을 중시하고 있는 ILO의 최근 정책 방향을 주시할 필요가 있다.

2. 강제노동철폐협약(제105호) 관련 주요 쟁점

ILO 강제노동철폐협약 비준과 관련한 핵심 쟁점은 동 제105호 협약에서 ILO가 더 명시적으로 정치적 견해나 사상적 반대, 그리고 파업참가에 대한 처벌로서 징역형 부과 금지를 요구함에 따라 국내 관련 법률의 징역형 부과 규정을 어떻게 개정할 것인가 하는 것과 관련된다. 한 예로 현행 공무원법에서는 공무원, 교원이 쟁의행위에 가담하는 경우 5년 이하의 징역에 처하도록 하는 등의 법 규정을 두고 있다.

또한, 앞서 언급하였듯이 국내 형법 및 형집행법에 따르면 이들 정치적 견해나 사상적 반대, 그리고 파업참가에 대한 처벌로서 징역형을 처할 때도, 교도소 내에 가두어 정역에 복무하도록 하고 있다(형법 제67조, 형집행법 제65조). 현재 국내법에서 정치적 견해나 사상적 반대에 처벌로서 징역형을 부과하고 있는 법률로서는 국가보안법 제7조와 국가공무원법 제84조가 대표적이다.

<표 4-3> 강제노동철폐협약(제105호) 비준 쟁점(요약)

구분	주요 내용	협약 비준 쟁점	비준 관련 법 제도보완 사항
제105호 강제근로폐지협약	비준국의 책임 내용(제1조) · 정치적 견해나 기존의 정치, 사회, 경제적 제도에 사상적으로 반대하는 견해를 가지거나 발표하는 것에 대한 제재 및 정치적 또는 교육의 수단 · 노동규율의 수단 · 파업참가에 대한 제재 등	· 국가공무원(지방공무원 포함)의 정치 운동과 노동운동 위반에 대한 징역형 예정 제도(국가공무원법: 제65조, 제66조, 제84조; 지방공무원법 제57조, 제58조, 제82조) 협약 위반 가능성 높음 · 국가보안법상 찬양 고무 등의 죄, 반국가단체 구성 등의 죄 등과 같이 사상의 자유와 관련한 징역형 예정 제도 협약 위반 가능성 높음(국가보안법 제3조, 제7조, 제8조, 제10조) · 집회 및 시위에 관한 법률 위반죄 중 정치적 의사 표현과 관련한 징역형 예정 제도도 협약 위반 가능성 높음(제5조, 제6조, 제22조) · 불법 파업에 대해 형법상 업무방해죄의 적용으로 징역형 예정 제도 협약 위반가능성 높음(형법 제314조)	비준 관련 법제도 사항 · 국가공무원법(지방공무원법) · 국가보안법 · 집회 및 시위에 관한 법률 · 형법상 업무방해죄 등

자료: 이상희(2010: 227)에서 재구성

이 두 조항은 지난 독재 및 권위주의적 정부 하에서 국내 노동운동과 공무원의 정치운동과 노조활동을 가로막는 통제적 기제로 활용되어왔을 뿐만 아니라 정치적 견해 및 사상적 이유로 수많은 노조 간부 및 활동가들을 탄압하고 감옥에 보내는 데 사용되어 왔다. 따라서 노동존중사회 실현을 핵심 국정지표로 내세운 문재인 정부로서는 ILO 강제노동철폐협약(제105호) 비준을 위해 이들 관련 법 조항에 대한 개정 검토는 불가피하다.

<표 4-4> 정치적 견해 및 사상적 반대에 따른 징역형 부과 관련 법률

관련 법률	관련 법 조항
국가보안법 제7조	① 국가의 존립·안전이나 자유민주주의적 기본질서를 위태롭게 한다는 점을 알면서 반국가단체나 그 구성원 또는 그 지령을 받은 자의 활동을 찬양·고무·선전 또는 이에 동조하거나 국가변란을 선전·선동한 자는 7년 이하의 징역에 처한다.
국가공무원법 제84조	① 제65조를 위반한 자는 3년 이하의 징역과 3년 이하의 자격정지에 처한다. * 제65조(정치운동의 금지) ① 공무원은 정당이나 그 밖의 정치단체 결성에 관여하거나 이에 가입할 수 없다. ② 공무원은 선거에서 특정 정당 또는 특정인을 지지 또는 반대하기 위한 다음의 행위를 하여서는 아니 된다. 1. 투표하거나 하지 아니하도록 권유 운동을 하는 것, 2. 서명 운동을 기도(企圖)·주재(主宰)하거나 권유하는 것, 3. 문서나 도서를 공공시설 등에 게시하거나 게시하게 하는 것, 4. 기부금을 모집 또는 모집하게 하거나, 공공자금을 이용 또는 이용하게 하는 것, 5. 타인에게 정당이나 그 밖의 정치단체에 가입하게 하거나 가입하지 아니하도록 권유 운동을 하는 것, ③ 공무원은 다른 공무원에게 제1항과 제2항에 어긋나는 행위를 하도록 요구하거나, 정치적 행위에 대한 보상 또는 보복으로서 이익 또는 불이익을 약속하여서는 아니 된다.

또한 <표 4-7>에 나타나듯이 지난 독재 권위주의 정부 하에서 파업참가를 이유로 징역형에 처했던 국가공무원법 제84조 2항, 공무원노조법 재10조, 교원노조법 제15조, 노동조합법 제88조 등 관련 법률의 개정도 요구되고 있다. 하지만 현재 징역형을

기본으로 하는 국내 형법과 형집행법에 대한 개정은 처벌법 규정에 대한 새로운 국민적 공감대 조성의 필요성, 국회 입법 과정에서의 노사 간 이해관계 대립, 남북관계, 정치적 이념 차이 등에 따라 관련 법 개정이 쉽지 않은 상황에 있다. 더욱이 이들 관련 법 개정 작업이 매우 광범위하고 국회 내 법 개정 절차가 까다로워 ILO 법 개정 요구사항의 최소 기준을 어떻게 만족시키며 비준을 추진해 나갈 것인가가 주요 관심 사항이 되고 있다.

<표 4-5> 파업참가에 따른 징역형 부과 관련 법률

협약 비준 관련 법률	개정 요구 관련 법 조항
노동조합법 第88조	제41조 2항의 규정을 위반한 자는 5년 이하의 징역 또는 5천만 원 이하의 벌금에 처한다. * 제41조(쟁의행위의 제한과 금지) 「방위사업법」에 의하여 지정된 주요 방위산업체에 종사하는 근로자 중 전력, 용수 및 주로 방산물자를 생산하는 업무에 종사하는 자는 쟁의행위를 할 수 없으며 주로 방산물자를 생산하는 업무에 종사하는 자의 범위는 대통령령으로 정한다.
국가무원법 第84조	2. (생략) 제66조를 위반한 자는 다른 법률에 특별히 규정된 때 외에는 1년 이하의 징역 또는 1천만 원 이하의 벌금에 처한다. * 제66조(집단 행위의 금지) ① 공무원은 노동운동이나 그 밖에 공무 외의 일을 위한 집단 행위를 하여서는 아니 된다. 다만, 사실상 노무에 종사하는 공무원은 예외로 한다.
공무원 노조법 第18조	제11조를 위반하여 파업, 태업 또는 그 밖에 업무의 정상적인 운영을 방해하는 행위를 한 자는 5년 이하의 징역 또는 5천만 원 이하의 벌금에 처한다. * 제11조(쟁의행위의 금지) 노동조합과 그 조합원은 파업, 태업 또는 그밖에 업무의 정상적인 운영을 방해하는 일체의 행위를 하여서는 아니 된다.

교원노조법 제15조	① 제8조를 위반하여 쟁의행위를 한 자는 5년 이하의 징역 또는 5천만 원 이하의 벌금에 처한다. * 제8조(쟁의행위의 금지) 노동조합과 그 조합원은 파업, 태업 또는 그밖에 업무의 정상적인 운영을 방해하는 일체의 쟁의행위를 하여서는 아니 된다.
선원법 제165조	② 제25조를 위반하여 쟁의행위를 한 사람은 다음 각 호의 구분에 따라 처벌한다. 1. 쟁의행위를 지휘하거나 지도적 임무에 종사한 사람: 3년 이하의 징역, 2. 쟁의행위 모의에 적극적으로 참여하거나 선동한 사람: 1년 이하의 징역 또는 1천만 원 이하의 벌금 * 제25조(쟁의행위의 제한) 선원은 다음 각 호의 어느 하나에 해당하는 경우에는 선원근로관계에 관한 쟁의행위를 하여서는 아니 된다.
경비업법 제28조	④ 다음 각 호의 어느 하나에 해당하는 자는 1년 이하의 징역 또는 1천만원 이하의 벌금에 처한다. 2. 제15조 제3항의 규정을 위반하여 쟁의행위를 한 특수경비원
전기사업법 제100조	② 다음 각 호의 어느 하나에 해당하는 자는 5년 이하의 징역 또는 5천만원 이하의 벌금에 처한다. 2. 전기사업에 종사하는 자로서 정당한 사유 없이 전기사업용 전기설비의 유지 또는 운용업무를 수행하지 아니함으로써 발전·송전·변전 또는 배전에 장애가 발생하게 한 자
청원경찰법 제11조	청원경찰로서 제5조 4항에 따라 준용되는 「국가공무원법」 제66조 제1항을 위반한 사람은 1년 이하의 징역 또는 200만 원 이하의 벌금에 처한다.

제 3 절

강제노동협약 비준 관련 쟁점별 정책 대응 방안

이 절에서는 비준이 완료된 강제 또는 의무 노동에 관한 협약(제29호)과 아직 비준되지 않은 강제노동철폐협약(제105호)을 둘러싼 쟁점별 향후 정책 대응 방안에 살펴보기로 한다.

1. 병역법 개정 관련 정책 대응 방안

강제노동협약 비준 관련 논의의 핵심은 병역법상 사회복무요원(공익근무요원)과 산업기술요원제도 등과 관련한 문제이다. ILO는 징병제 국가에서 현역 군복무는 강제노동의 예외로 인정하고 있으나 사회복무요원 등 비전투분야의 병역복무와 이를 거부할 경우 징역형에 처하는 점 등을 들어 강제노동으로 보고 있다. 병역법과 대체복무제도 관련 조항의 개정은 정부의 전 부처가 관련된 사항이기 때문에 범정부 차원에서 정책 조율 및 합의가 필요하다. 예컨대 병역법과 대체복무제도는 고용노동부뿐 아니라 국방부, 법무부, 교육부, 행정안전부, 문화체육관광부, 산업

통상자원부, 중소벤처기업부, 검찰청, 경찰청, 소방청, 산림청, 해양경찰청 등 다양한 부처가 직간접적으로 관련되어 있다. 하지만 고용노동부를 중심으로 정부가 강제노동협약 비준에 대한 강력한 정책적 의지를 갖고 접근한다면 범정부 차원에서 해결의 실마리를 찾을 수 있을 것이다.

무엇보다 강제노동협약 비준에 대한 ILO의 정책적 입장은 결사의 자유 협약(제87호, 제98호)에 비해 그 협약의 적용에 대해 상대적으로 엄격하지 않다고 할 수 있다. 현재 OECD 회원국 37개국 중 징병제를 채택하고 있는 나라는 총 13개 국으로 이들 국가 중 스위스, 스페인, 오스트리아, 덴마크, 이스라엘, 에스토니아, 그리스, 리투아니아, 핀란드 등 9개국이 대체복무제를 허용하고 있으며, 한국, 터키, 멕시코는 이를 허용하지 않고 있다. 독일과 노르웨이는 양심적 병역거부자에 대한 대체복무제를 시행하였으나 2011년 징병제를 폐지함에 따라 대체복무제 역시 사라졌다. 2011년 이전의 독일과 캐나다 그리고 이집트 등 다른 나라의 사례에서 볼 수 있듯이 ILO는 병역거부에 대한 대체복무에 대해 그 정당성을 용인해 왔다. ILO 스스로 국가의 고유한 주권을 인정한다는 측면에서 회원국의 병역법에 따른 대체복무를 무조건적으로 강제노동 위반사항으로 판단하기보다는 폭넓게 허용하고 있기 때문이다.

예컨대, 독일은 2011년까지 병역의무제를 채택하였으나 폭력에 대한 거부, 종교적 이유 등 양심적인 이유로 병역을 거부할 경우, 군대에 복무하지 않는 대신 일정 기간 국가적인 비상사태 관리 혹은 의료활동과 같은 민간분야에서 대체복무를 허용한 바 있다. 또한 캐나다 군인도 국내 및 UN, NATO 등과 연계된 국제적 작전 등 순수한 군사적 업무 외에 산불, 홍수, 조난 구조 등의 부가적인 임무도 수행한다. ILO 제29호 협약 제1항에서 인정하고 있듯이 “전쟁 외에도 화재, 홍수, 기근, 지진, 중대한 전염병 등 국민의 생존과 안녕을 위협하는 긴급한 사정에 대해서는 강제노동의 동원이 가능한 예외적 상황”으로서 강제노동협약 위반 사항으로 지적받지 않았다.

이집트 경우도 우리처럼 징병제를 채택하고 있지만 순수한 군사적 차원의 영역 외에 경찰, 군대의 사업장에도 배치될 수 있도록 하고 있다. 특히 이집트는 제3장에서도 살펴보았듯이 이스라엘과의 평화조약 체결 이후에는 군대를 국가경제의 근간으로 활용하기 위한 전담기관인 NSPO를 설치하여 군수물자 외에도 다양한 민수물자를 생산하는 데 군대의 인력을 활용하였다. 하지만 ILO가 구체적으로 이집트의 이 같은 강제노동 문제를 거론하거나 경고했던 경우는 없었다. 이밖에도 이탈리아는 문화유산을 보호하거나 재난 발생 시 긴급 대처가 필요한 분야 등에 대체복무요원을 투입하고 있으며, 그리스도 우체국이나 법원 등 행정기관에서의 대체복무를 허용하고 있다.

이들 외국의 대체복무 사례는 강제노동협약 제29호와 제105호를 일찌감치 비준한 국가들이 ILO의 강제노동협약과 관련하여 심각한 지적과 감시를 받은 적이 없다는 점에서 기존 병역제도 하에서의 이루어지고 있는 대체복무제도가 ILO의 강제노동

협약 비준에 있어서 근본적인 장애물로서 작용하지 않을 것임을 시사한다. 하지만 우리나라의 경우 설령 남북한 관계가 해빙 분위기에 있다 하더라도 실제적인 군사적 대치 상태임을 고려하면 병역기피의 수단으로서 대체복무를 악용하는 것을 방지하기 위한 제도적 장치도 동시에 고민할 필요가 있다.

예컨대 국회의 병역법 개정 없이 고시를 통해 군복무 대상자에 대한 대체복무의 선택권을 대폭 늘리고, 복무를 거부할 경우 징역형이 아닌 금고형의 처벌을 내리는 방식이 그것이다. 이처럼 군복무 대상자에 대한 대체복무 선택권을 대폭 늘려나가되 이들이 독일과 캐나다 등 외국의 경우처럼 소방, 재난구조 분야에서 국가의 중요한 사회서비스를 제공하거나 지방이나 산간 도서 외지 등 의료, 간병, 요양원 등 복지 사각지대에서의 사회복지 서비스 분야에 일정 기간 종사하도록 하는 방안도 적극적으로 고려할 필요가 있다.

양심적 병역거부자 등과 같이 군 병역 대신 대체복무를 신청할 경우 이들의 복무기간도 또 하나의 쟁점이 될 것이다. 이와 관련 대체복무제가 허용되고 있는 OECD의 9개국 중 현역과 복무기간이 동일한 경우는 스웨덴, 덴마크, 이스라엘(여성만 해당) 등 3개국이며, 에스토니아는 1.1배, 스위스, 오스트리아, 리투아니아는 1.5배, 그리스는 1.7배, 핀란드 2배 등 나라별로 다소 편차를 보이고 있다. UN 인권위원회는 1998년 '대체복무가 징벌적 성격'을 띠어서는 안 된다는 결의를 채택한 바 있으며, 유럽평의회(EU Council)도 대체복무 기간이 군 복무 기간의 1.5배를

초과해서는 안 된다는 권고안을 제시하고 있다(JTBC, 2018. 7. 2). 국방부는 이들 양심적 병역거부자에 대한 대체복무기간을 현재 병역기간의 2배에 해당하는 36개월로 하는 방안을 구상했던 것으로 알려져 있다. 하지만 국가인권위원회는 36개월이 UN 인권위원회가 지적하고 바와 같이 다소 징벌적 소지가 있으므로 그보다 짧은 27개월로 하는 안을 다시 제안하기도 했었다(데일리안, 2018. 11. 21).

이처럼 대체복무기간이 군 병역기간과 차이가 크지 않을 경우, 문재인 정부가 검토했던 연 600명 수준의 대체복무대상자 상한선을 크게 웃돌 가능성이 크고 대상자 선별 작업 역시 쉽지 않을 것이다. 따라서 양심적 병역거부자에 대한 대체복무기간은 국방부 안대로 36개월을 기본으로 하되 제도가 어떻게 작동하는지 추이를 지켜보면서 대체복무기간을 조정해 나가는 방법을 고려할 필요가 있다. 대체복무지역도 주로 도서·산간벽지 등으로 제한하는 방안을 적극적으로 검토할 필요가 있다.

2. 교도작업 관련 정책 대응 방안

ILO 강제노동철폐 협약(제105호) 비준 시 요구하고 있는 교도작업 과정에서의 강제노동 금지조항, 정치사상의 문제와 파업 참가에 따른 강제노동 부과 관련 국내법 개정은 현행 국가보안법, 국가공무원법, 노조법 그리고 형법, 형집행법 등 관련 법 개정 논의와 맞닿아 있다. ILO 기본협약을 비준하기 전에 이들 관련법을 모두 개정하는 것은 현실적으로 불가능했다.

또한 이들 관련법 개정은 현행 형법 및 형집행법의 근간이 되는 징역형의 금고형 전환이라는 사회적 논의와 공감대가 필요하다. 예컨대 징역형과 구별되는 금고형은 역사적으로 과실범이나 정치범 등과 같이 파렴치범의 성격을 가지지 않은 범죄에 대한 형벌로 고안된 것이다. 현행 형법도 과실범에 대해 금고형, 벌금형을 규정하여 대체로 이러한 입장을 따르고 있다. 그러나 국가보안법 등 형사특별법에서는 징역형을 규정하고 금고형은 규정하지 않고 있어 이러한 형벌에 관한 원칙이 철저하게 지켜지지 않고 있다.

짧은 시간 내에 이들 관련법을 개정하기는 쉽지 않다. 따라서 정치 및 노조 활동 등을 이유로 선고하는 징역형 제도를 금고형으로 전환하는 법 개정 작업을 우선 추진하는 것도 한 방법이다. 그리고 교도작업에 관한 절차 및 매뉴얼을 수정하여 강제노동협약 비준 여건을 확보하는 방식도 적극적으로 검토해 볼만하다.

3. 정치적 · 사상적 견해 및 파업 금지 관련 법 · 제도 개정

ILO 강제노동철폐 협약(제105호) 비준 시 요구하고 있는 정치사상의 문제와 파업참가에 따른 강제노동 부과 관련 국내법 개정은 현행 국가보안법(제7조), 국가공무원법(제84조), 공무원

노조법(제19조), 교원노조법(제15조), 노동조합법(제88조), 선원법(제165조), 경비업법(제28조), 전기사업법(제100조), 청원경찰법(제11조) 등 관련법 개정과 관련된다. 이들 관련법 개정은 현실적으로 비준 이전 시기보다는 오히려 비준 이후에 실현될 가능성이 크다. 따라서 ILO 강제노동철폐협약(제105호) 비준을 위해 정부는 국가보안법(제7조)에 따른 징역형 사례가 많지 않다는 점을 들고, 정치사상의 문제와 파업참가에 따른 쟁의행위를 제한하는 노동조합법 규정의 개정을 고려해야 한다. 또한 형법 또는 형집행법에서의 징역형 제도를 금고형으로 전환할 계획을 수립하고, 교도작업에 관한 매뉴얼을 수정하여 ILO를 적극적으로 설득해 나갈 필요가 있다.

제5장

ILO 기본협약 비준의 의미와 향후 과제

2021년 2월 26일 국회는 ILO 협약 제29호, 제87호, 제98호 비준 동의안을 의결했다. 그해 4월 20일 이재갑 고용노동부 장관은 서울지방고용노동청에서 화상으로 가이 라이더 ILO 사무총장에게 세 협약에 대한 비준서를 기탁했다. 이로써 우리나라는 제29호 강제노동 협약, 제87호 결사의 자유 협약, 제98호 단체교섭권 협약에 대한 비준을 마치게 되었고, ILO에 가입한 지 30여년 만에 8개 기본협약 중 7개를 비준한 나라로 국제적인 공인을 받게 되었다. 이들 협약은 기탁일로부터 1년이 지난 2022년 4월부터 효력을 발휘하게 되었다.[1)]

1차 세계대전과 러시아혁명의 산물로 태어난 ILO는 "사회정의 없이는 항구적 평화 없다"는 구호 아래 국제노동기준을 만들어왔다. 평화의 전제는 사회정의의 실현이고, 사회정의는 국제사회에 보편적으로 적용되는 노동 기준의 실천을 통해 이룰 수 있다는 것이 ILO의 정신이다.

명칭에 들어간 '노동(Labour)'이란 단어 때문에 ILO를 대단히 진보적인 국제기구로 오해하는 경우가 많다. 전쟁과 혁명의 산물인 ILO는 세계전쟁을 억제하고 공산주의혁명을 예방하려는 보수적인 목적을 갖고 미국, 영국, 프랑스, 이탈리아, 일본 등 제국주의 열강들에 의해 만들어진 파리강화회의의 베르사유협정에 따라 정부-사용자-노동자의 3자 기구로 등장했다.

---

* 이 장은 윤효원의 "ILO 기본협약 비준이 갖는 의미와 향후 과제" (『국제노동』 2021 가을호, 사단법인 한국ILO협회)와 "ILO 100주년 의미와 기본협약 주요 쟁점화 향후 과제" (한국노동사회연구소 창립기념 토론회, 'ILO 100주년, 한국 노동정책의 과제와 새로운 방향모색' , 2019. 5. 16)의 주요 내용을 재정리한 것이다.

1. 국제노동기구(ILO)의 탄생

수천 만 명을 죽음으로 몰고 간 1차 세계대전을 겪으면서 세계열강들은 두 가지 상반된 길로 나아갔다. 러시아에서는 1917년 말 볼셰비키가 이끈 혁명이 일어나 사회주의 정부가 탄생했다. 공산주의 파도는 독일을 비롯한 전 유럽을 휩쓸었지만 실패로 끝났다. 다른 한편으로 미국, 영국, 프랑스, 이탈리아, 일본 등 연합국들은 자본주의 체제를 개선할 필요를 느꼈다.

1919년 봄 전후(戰後) 세계질서를 설계하려 세계열강의 지도자들이 프랑스 파리에 모였다. 미국 대통령 우드로 윌슨, 영국 수상 데이비드 로이드 조지, 프랑스 수상 조르주 클레망소, 이탈리아 수상 빅토리오 에마누엘레 올란도가 '빅 포(Big Four)'로 불리며 강화회의를 이끌었다. 대만과 조선을 식민지로 만들면서 아시아 강국으로 떠오르던 일본도 영국의 전폭적인 지원 아래 전승국 자격으로 5명의 대표단을 보냈다.

파리강화회의가 설치한 노동위원회는 1919년 1월과 4월 파리와 베르사유를 오가며 ILO의 밑그림을 그렸다. 미국노동연맹(AFL) 위원장 사무엘 곰퍼스가 노동위원회 의장을 맡았다. 벨기에, 쿠바, 체코슬로바키아, 프랑스, 이탈리아, 일본, 폴란드, 영국, 미국 9개국으로 이뤄진 노동위원회는 각국의 노사정 대표자가 한데 모여 3자 기구를 만든다는 안을 마련했다. 국제 노사정 3자

기구에서 모든 나라에 적용되는 국제 노동법을 만들자는 목표를 실천할 조직으로 ILO를 만드는 데 합의한 것이다. 그리고 1919년 1월에서 4월 사이, 5대 전승국인 미국, 영국, 프랑스, 이탈리아, 일본이 주도하여 노사정 3자주의(tripartism)를 명시한 ILO 헌장을 만들었다.

ILO의 첫 총회는 1919년 10월 29일부터 11월 29일까지 한 달 동안 미국의 수도 워싱턴에 있는 팬아메리카유니언 빌딩에서 열렸다. 이때 ILO는 노동시간, 실업자와 여성 보호, 야간노동 규제, 아동노동자 보호 등 6개 협약을 만들었다. 역사적인 1호 협약은 '노동시간(hours of work)'을 최대 하루 8시간, 주 48시간으로 규제하는 것이었다.

2. ILO 협약이란 무엇인가

ILO 협약이란 쉽게 말해 ILO가 만드는 국제노동기준으로 국제적으로 적용되는 노동법, 즉 국제노동법이다. 1919년 가을 워싱턴에서 열린 창립대회에서 공업에서 하루 8시간과 주 48시간을 규정한 '노동시간' 1호 협약을 채택한 이래, 지난 백 년 동안 ILO는 노사정 3자 합의를 통해 모두 190개의 협약을 만들었다.

이 190개 협약은 세 범주로 나눠지는데, 기본협약(Fundamental Conventions, 8개), 우선협약(Priority Conventions, 4개), 전문협약(Technical Conventions, 178개)이 그것이다. ILO 협약도 시대변화의

영향을 받아왔는데, 그 결과 ILO는 정기적으로 협약들의 상태를 평가하여 최신(up-to-date), 잠정(interim status), 개정 필요(to be revised), 구식(outdated), 폐지(abrogated), 철회(withdrawn) 등으로 협약들의 지위를 분류하고 있다. 이러한 작업을 거쳐 ILO는 187개 회원국 정부가 제도와 정책에 반영해야 할 협약으로 74개를 골라 놓았다([표 5-1] 참조).

<표 5-1> ILO가 중요하다고 보는 협약 74개(의정서 포함)

주제	협약	범주	지위	비준국수	한국 정부의 비준 여부 및 비준일
결사의 자유 (5개)	제87호 결사의 자유와 조직할 권리(1948)	기본	최신	156	2021.4.20.
	제98호 조직할 권리와 단체교섭(1949)	기본	최신	167	2021.4.20.
	제135호 노동자대표(1971)	기술	최신	85	2001.12.27.
	제141호 농촌노동자 단체(1975)	기술	최신	41	X
	제151호 노동관계(공무)(1978)	기술	최신	57	X
단체교섭 (3개)	제98호 조직할 권리와 단체교섭(1949)*	기본	최신	167	2021.4.20.
	제151호 노동관계(공무)(1978)*	기술	최신	57	X
	제154호 단체교섭(1981)	기술	최신	49	X
강제노동 (3개)	제29호 강제노동(1930)	기본	최신	178	2021.4.20.
	제105호 강제노동 폐지(1957)	기본	최신	176	X
	강제노동협약(제29호,1930)의정서(2014)	-	최신	50	X
아동노동 (2개)	제138호 최저 연령(1973)	기본	최신	173	1999.1.28.
	제182호 최악 형태의 아동노동(1999)	기본	최신	187	2001.3.29.
기회와 처우의 평등(3개)	제100호 동등 보수(1951)	기본	최신	173	1997.12.8.
	제111호 차별(고용과 직업)(1958)	기본	최신	175	1998.12.4.
	제156호 가족부양 노동자(1981)	기술	최신	45	2001.3.29.
3자 협의(1개)	제144호 3자 협의(국제노동기준)(1976)	우선	최신	155	1999.11.15.
노동행정 (2개)	제150호 노동행정(1978)	기술	최신	77	1997.12.8.
	제160호 노동통계(1985)	기술	최신	50	1997.12.8.
노동감독 (3개)	제81호 노동감독(1947)	우선	최신	148	1992.12.9.
	제129호 노동감독(농업)(1969)	우선	최신	54	X
	노동감독협약(제81호,1947)의정서(1995)	-	최신	12	X

고용정책(1개)	제122호 고용정책(1964)	우선	최신	113	1992.12.9.
고용증진 (3개)	제88호 고용 서비스(1948)	기술	최신	92	2001.12.27.
	제159호 직업재활과 취업(장애인)(1983)	기술	최신	84	1999.11.15.
	제181호 민간의 직업소개업체(1997)	기술	최신	35	X
직업훈련 (2개)	제140호 유급교육휴가(1974)	기술	최신	35	X
	제142호 인간자원개발(1975)	기술	최신	68	1994.1.21.
고용안정 (1개)	제158호 고용 종료(1982)	기술	미결론	36	X
임금 (4개)	제95호 임금 보호(1949)	기술	최신	99	X
	제131호 최저임금 결정(1970)	기술	최신	54	2001.12.27.
	제173호사용자파산시노동자청구권(1992)	기술	최신	21	X
	제100호 동등 보수(1951)*	기술	최신	173	1997.12.8.
노동시간 (8개)	제1호 노동시간(공업)(1919)	기술	잠정	52	X
	제30호 노동시간(상업 및 사무실)(1930)	기술	잠정	30	X
	제47호 주 40시간(1935)	기술	잠정	15	2011.11.7.
	제14호 주휴(공업)(1921)	기술	최신	120	X
	제106호 주휴(상업 및 사무실)(1957)	기술	최신	63	X
	제132호 유급휴일(개정)(1970)	기술	잠정	38	X
	제171호 야간노동(1990)	기술	최신	17	X
	제175호 단시간 근무)(1994)	기술	최신	18	X
직업안전보건 (13개)	제187호 직업안전보건 증진체계(2006)	기술	최신	52	2008.2.20.
	제155호 직업보건안전(1981)	기술	최신	71	2008.2.20.
	제161호 직업보건서비스(1985)	기술	최신	34	X
	제120호 위생(상업 및 사무실)(1964)	기술	최신	52	X
	제152호 직업안전보건(항만 근무)(1979)	기술	최신	27	X
	제167호 건설업 안전보건(1988)	기술	최신	33	X
	제176호 광산업 안전보건(1995)	기술	최신	34	X
	제184호 농업 안전보건(2001)	기술	최신	19	X
	제115호 방사선 보호(1960)	기술	최신	50	2011.11.7.
	제139호 직업암(1974)	기술	최신	41	2011.11.7.
	제148호 근무환경(공기오염 · 진동 · 소음)(1977)	기술	최신	46	X
	제162호 석면 규제(1986)	기술	최신	35	2007.4.4.
	제170호 화학물질(1990)	기술	최신	22	2003.4.11.
사회보장 (8개)	제102호 사회보장(최저 기준)(1952)	기술	최신	59	X
	제118호 처우 평등(사회보장)(1962)	기술	최신	38	X
	제157호 사회보장권리 유지(1982)	기술	최신	4	X
	제130호 의료 및 질병 급여(1969)	기술	최신	16	X
	제168호 고용 촉진 및 실업 보호(1988)	기술	최신	8	X
	제128호 장애, 노령, 유족 급여(1967)	기술	-	17	X

	제121호 업무상 재해 급여(1964) 제183호 모성보호(2000)	기술 기술	최신 -	24 39	X X
모성보호(1개)	제183호 모성보호(2000)*	기술	-	39	X
사회정책(2개)	제94호 노동 조항(공공 계약)(1949) 제117호 사회정책(기본목표 및 기준)(1962)	기술 기술	최신 잠정	63 33	X X
이주노동자 (2개)	제97호 취업 이주(개정)(1949) 제143호 이주노동자(보충 규정)(1975)	기술 기술	최신 최신	51 26	X X
HIV/AIDS	권고 제200호 HIV/AIDS(관련 협약 아직 없음)		최신		
선원(1개)	해양노동협약(MLC)(2006)	기술	최신	97	2014.1.9.
어민(1개)	제188호 어업(2007)	기술	최신	18	X
항만노동자 (2개)	제137호 항만 근무(1973) *제152호 작업안전보건(항만)(1979)	기술 기술	잠정 최신	25 27	X X
원주민과 부족민(2개)	제107호 원주민 및 부족 인구(1957) 제169호 원주민 및 부족민(1989)	기술 기술	구식 -	27 23	X X
기타 특수 범주의 노동자 (5개)	제110호 플랜테이션 노동자 고용조건(1958) 제149호 간호인 취업・근무조건・생활(1977) 제172호 근무조건(호텔, 식당)(1991) 제177호 재택근무(1996) 제189호 가사노동자(2011)	기술 기술 기술 기술 기술	최신 최신 최신 최신 최신	12 41 16 10 32	X X X X X

출처: ilo.org의 'Subjects covered by International Labour Standards'.

주 1: *가 붙은 협약은 다른 주제에도 걸쳐져 있는 협약으로 개별 주제와 관련해서는 협약의 개수에 넣었고, ILO가 중요하게 보는 협약의 전체 개수에는 넣지 않았다. 제98호, 제100호, 제151호, 제183호는 주제들이 겹치는 협약이다.

주 2: 해양노동협약(Maritime Labour Convention)은 선원을 위한 노동 기준에 관련된 37개의 협약과 권고를 새롭게 고쳐서 한데 합쳐 놓은 것이다.

주 3: 협약을 보충할 목적으로 해당 협약에 대한 의정서(Protocol)가 채택된다. 이 표에는 제29호 협약 의정서, 제81호 협약 의정서 등 2개가 들어 있으며, 주제별 협약 개수에는 의정서도 넣었다.

3. '결사의 자유' 제87호 협약과 '단체교섭권' 제98호 협약의 역사적 배경

1919년 10월 미국 워싱턴에서 창립대회를 갖고 출범한 ILO는 1914년에 일어나 1918년 끝난 1차 세계대전과 1917년 11월 일어난 러시아 공산주의 혁명의 결과였다.

1919년 봄 프랑스 파리에서 열렸던 파리강화회의는 베르사유 조약을 채택했고, 그 중 13장은 ILO의 역할과 기능을 규정했다. 1919년 가을 워싱턴 창립대회에서 "사회정의 없이 항구적 평화 없다" 는 문구를 ILO 헌장에 포함했는데 이는 전쟁 없는 평화에 대한 염원과 함께 노동자를 위한 정의의 실현을 통한 '산업평화(industrial peace)' 를 실현하겠다는 의지의 소산이다. ILO가 회원국 노사정 3자의 합의로 채택하는 국제노동법인 협약은 '일의 세계(the world of work)' 에서 정의를 실현함으로써 전쟁의 재발을 막으면서 동시에 공산주의 혁명 역시 예방하겠다는 의도가 자리하고 있었다.

일의 세계에 필요한 정의(Justice)는 일하는 조건을 인간답게 만드는 데서 출발한다는 믿음 속에서 ILO 창립대회가 채택한 1호 협약은 공장에 적용되는 노동시간을 규제하는 것이었다. 1810년대 박애주의 공장주였던 로버트 오언이 제기했던 하루 8시간이 1919년 국제법 형태로 채택된 것이다. 제1호 협약은 하루 8시간에 더해 주 48시간을 못 박고 있다. 이러한 점에 비추어 최근 52시간제 노동을 둘러싼 국내 유연화 논쟁은 ILO 제1호 협약을 비준하지 못하고 있는 국내 상황을 그대로 반영하고 있다. 1919년 열린 ILO 창립대회는 실업자와 여성 보호, 야간노동과 아동노동 규제와 관련하여 6개 협약을 채택하고 폐회했다.

1920년대는 세계경제의 호황이 막을 내리고 극우 정치세력이 본격적으로 등장한 시기였다. 1922년 이탈리아에서 무솔리니(1883~1945)가 주도하는 파시스트 세력이 권력을 잡았다. 1926년 일본에서는 히로히토(1901~1989) 일왕이 권력을 잡으면서 '다이쇼 민주주의'가 막을 내리고 극우세력과 군부의 입김이 커졌다. 1933년 1월 독일에서는 민주적 선거를 거쳐 히틀러(1889~1945)가 이끄는 나치당(독일국가사회주의노동자당)이 권력을 잡았다.

정권을 장악한 극우 정치세력의 첫 조치는 노동조합에 대한 공격과 단체교섭 제도의 해체였다. 대신 국가권력의 지원을 받는 노동자단체가 등장했다. 독일에서는 독일노동전선(Deutsche Arbeitsfront, DAF)이 만들어졌고 일본에서는 산업보국회가 조직되었다. 이탈리아에서는 노동조합이 해산 당하지는 않았으나 국가를 등에 업은 어용단체와 경쟁을 벌여야 했다.

1929년 가을 미국에서 시작된 경제위기는 전 세계로 퍼져 나가 대공황으로 번졌다. 자유주의적 국제질서가 붕괴하였고 세계 각국은 누구 할 것 없이 모두 다 보호무역주의와 군비경쟁으로 치달았다. 1933년 3월 프랭클린 루즈벨트(1882~1945)가 대통령에 취임하면서 뉴딜(New Deal) 정책을 추진했지만 이는 미국 국내 사정을 진정시키기 위한 것이었다. 미국조차도 보호무역주의와 자국중심주의를 벗어나지 못했고, 누구도 국제적 수준의 뉴딜을 제안하지 못하였다. 그 결과 인류는 1930년대 내내 전쟁의 소용돌이를 경험하게 된다.

2차 세계대전이 독일, 이탈리아, 일본의 패배와 연합국의 승리로 마무리될 것임이 분명해지던 1944년 4월과 5월 미국 필라델피아에서 ILO 총회가 열렸다. 당시 ILO는 노동문제가 무역 및 금융 문제와 밀접한 관련을 맺고 있으므로 전쟁이 끝난 후 평화로운 국제질서를 만들기 위해서는 노동 기준만이 아니라 무역 기준과 금융 기준까지도 ILO가 책임지는 역할을 맡아야 한다고 주장했다.

그 결과 1919년 채택된 헌장에 담긴 문구인 "사회정의 없이 항구적 평화 없다"에 버금가는 문구를 헌장에 삽입하게 된다. "노동은 상품이 아니다(Labour is not a commodity)"라는 선언이 그것이다. 또한 표현의 자유와 결사의 자유, 완전고용과 사회보장, 그리고 단체교섭권의 중요성을 담은 '필라델피아선언'이 1944년 5월 10일 채택되었다.

1944년 필라델피아총회에서 시작된 ILO의 논의는 1948년 7월 9일 노동자단체의 설립과 활동에 대한 국가의 개입을 금지한 제87호 '결사의 자유와 조직할 권리 보호' 협약의 채택으로 이어졌다. 1년 후인 1949년 7월 1일 노동자의 단체교섭권을 보장하기 위해서는 사용자가 '반(反)노조 차별행위(acts of anti-union discrimination)', 즉 부당노동행위를 하도록 허용해선 안 된다는 제98호 '조직할 권리와 단체교섭' 협약이 채택되었다. 이로써 단체교섭은 노동자의 권리인 동시에 사용자의 의무라는 원칙이 국제법으로 확립되었다.

4. '기본협약' 비준의 의미

ILO는 '결사의 자유와 단체교섭권의 실질적 인정'(제87호, 제98호), '모든 형태의 강제노동 혹은 의무노동 폐지'(제29호, 제105호), '아동노동의 실질적 철폐'(제138호, 제182호), '고용과 직업에 따른 차별 철폐'(제100호, 제111호) 등의 4개 주제에 관련된 8개 협약을 "일의 기본 원칙과 권리(Fundamental Principles and Rights at Work)"를 뜻하는 기본협약으로 내세운다. UN과 OECD 등 국제기구는 ILO의 기본협약을 "국제적으로 인정받는 노동기준"으로 평가하면서 해당 기구의 각종 정책에 반영하고 있다.

문재인 정부에서 제29호, 제87호, 제98호에 대한 비준 노력을 기울이기 전까지 대한민국 정부가 비준한 기본협약은 아동노동 관련 제138호와 제182호, 차별금지 관련 제100호와 제111호 등 4개에 불과했다. 이들 4개 기본협약에 대한 비준은 김영삼 정부와 김대중 정부 때 이뤄졌다. 2021년 2월 국회가 기본협약 3개(제29호, 제87호, 제98호)에 대한 비준동의안을 결의함으로써 대한민국 정부가 비준한 기본협약 수는 4개에서 7개로 늘어나게 되었다.

'강제노동' 협약인 제29호는 노예노동을 폐지하고 '자유로운 임금노동(free wage labour)'으로 대체하라는 내용이 핵심이다. 일본 제국주의의 강제 징용과 위안부 문제가 걸려있는 지점이기도 하다. 1930년 6월 28일에 열린 ILO 국제노동회의(International Labour Conference)에서 채택돼 1932년 5월 1일 발효된 제29호 협약을 일본 제국주의는 1932년 11월 21일 비준했다. 90년 전 일본이 비준한 제29호 협약을 2021년 한국 정부가 비준한 것이다.

'결사의 자유' 제87호 협약은 1948년 7월 9일 열린 ILO 연례총회인 국제노동회의에서 채택됐다. UN이 세계인권선언을 제정한 때가 1948년 12월 10일인데 그 여섯 달 전에 만들어진 제87호 협약은 UN이 만든 세계인권선언의 기초가 되었다. 세계인권선언 제20조는 "모든 사람은 결사의 자유를 가진다"는 것이다. 제23조는 "모든 사람은 자기 이익의 보호를 위해 노동조합을 결성하고 가입할 권리를 가진다"고 선언했다. 또한 대한민국헌법 제21조는 "모든 국민은 결사의 자유를 가진다"고 밝히고 있다. 세계인권선언과 대한민국 헌법에 보장된 결사의 자유를 되풀이한 국제기준이 제87호 협약이다. 제87호의 비준은 노동자에게도 결사의 자유를 공평하게 보장하겠다는 정치적 약속으로서 기본적인 시민권의 범주에 속한다고도 볼 수 있다.

<표 5-2> 결사의 자유와 강제노동 금지 등 인권에 관련된 국제연합의 주요 다자간 협약 비준 현황

조약명	국제연합 채택일	대한민국 발효일
세계인권선언	1948. 12. 10	1948. 12. 10
시민적 · 정치적 권리규약(B규약)	1966. 12. 16	1990. 7. 10
경제적 · 사회적 · 문화적 권리규약(A규약)	1966. 12. 16	1990. 7. 10
인종차별철폐협약	1966 .3. 7	1979. 1. 4
여성차별철폐협약	1979. 12. 18	1985. 1. 26
고문방지협약	1984. 12. 10	1995. 2. 8
아동권리협약	1989. 11. 20	1991. 12. 20
장애인권리협약	2006. 12. 13	2009. 1. 10
이주노동자 및 가족성원 권리협약	1990. 12. 18	미비준
강제실종협약	2006. 12. 20	미비준

출처: https://treaties.un.org/Pages/Treaties.aspx?id=4&subid=A&clang=_en; https://www.mofa.go.kr/www/wpge/m_3996/contents.do

제98호 협약은 노동자의 단체교섭권을 보장하는 데서 사용자가 해서는 안 될 '반노조 차별 행위(acts of anti-union discrimination)', 즉 부당노동행위가 어떤 것인지를 규정하고 있다. 사실 부당노동행위를 저지른 사용자에 대한 처벌 조항은 오래전부터 우리나라 '노동조합 및 노동관계조정법(노조법)'에 들어 있었다. 이런 관점에서 보면 1991년 12월 대한민국 정부가 ILO에 가입할 당시 제98호를 비준했더라도 국내법과의 충돌은 없었을 것이라는 판단이 가능하다.

이상에서 지적했듯이, 제29호는 국가 권력에 의해 동원되는 강제노동의 폐지가 핵심이고, 제87호는 결사의 자유와 노동자의 단체행동권을 보장한 헌법상의 기본권을 다시 확인한 것이라 할 수 있다. 그리고 노동자의 단체교섭권을 보장한 제98호의 내용은 이미 현행 법령에 들어 있었다는 점에서 한국의 비준은 상당히 늦어졌다고 볼만하다. 또한 기본협약의 또 다른 주제인 아동노동의 폐지와 고용과 직업에 따른 차별 금지 역시 노동권의 문제만이 아니라 기본적인 인권의 문제이다. 이런 점들을 고려할 때 이번의 기본협약 비준은 대한민국과 국제사회의 법과 제도 안에서 실질적으로 존재해 온 원칙들을 국회에서 재확인한 절차라고도 볼 수 있다.

<표 5-3> 정부별 ILO 협약 비준 현황 (32개 협약)

정부	비준한 협약	비준일	범주	비준국 수
노태우 정부 3개 비준	제81호 근로감독(공업과 상업)(1947)	1992. 12. 9	우선	148
	제122호 고용정책(1964)	1992. 12. 9	우선	113
	제73호 선원 건강 검진(1946)	1992. 12. 9	기술	46
김영삼 정부 4개 비준	제142호 직업 지도와 직업 훈련(1975)	1994. 1. 21	기술	68
	제100호 동등 보수(1951)	1997. 12. 8	기본	173
	제150호 노동 행정(1978)	1997. 12. 8	기술	77
	제160호 노동 통계(1985)	1997. 12. 8	기술	50
김대중 정부 11개 비준	제111호 차별 금지(고용과 직업)(1958)	1998. 12. 4	기본	175
	제138호 최저 연령(1973)	1999. 1. 28	기본	173
	제144호 3자 협의(국제노동기준)(1976)	1999. 11. 15	우선	155
	제159호 직업 재활과 고용(장애인)(1983)	1999. 11. 15	기술	84
	제19호 외국인 균등 대우(재해보상)(1925)	2001. 3. 29	기술	121
	제156호 가족부양 남녀노동자 등등처우(1981)	2001. 3. 29	기술	45

	第182호 최악의 아동노동(1999)	2001. 3. 29	기본	187
	第26호 최저임금 결정기구(1928)	2001. 12. 27	기술	105
	第88호 고용 서비스(1948)	2001. 12. 27	기술	92
	第131호 최저임금 결정(1970)	2001. 12. 27	기술	54
	第135호 노동자대표 보호와 편의 제공(1971)	2001. 12. 27	기술	85
노무현 정부 6개 비준	第53호 상선 근무자 자격(1936)	2003. 4. 11	기술	37
	第170호 화학물질(1990)	2003. 4. 11	기술	22
	第162호 석면(1986)	2007. 4. 4	기술	35
	第185호 선원 신원 서류(2003)	2007. 4. 4	기술	35
	第155호 직업안전보건(1981)	2008. 2. 20	기술	71
	第187호 직업안전보건 증진 체계(2006)	2008. 2. 20	기술	51
이명박 정부 4개 비준	第2호 실업(1919)	2011. 11. 7	기술	57
	第47호 주 40시간(1935)	2011. 11. 7	기술	15
	第115호 방사선 보호(1960)	2011. 11. 7	기술	50
	第139호 직업암(1974)	2011. 11. 7	기술	41
박근혜 정부 1개 비준	선원 보호 (MLC)(2006)	2014. 1. 9	기술	97
문재인 정부 3개 비준	第29호 강제노동 협약(1930)	2021. 4. 20	기본	179
	第87호 결사의 자유(1948)	2021. 4. 20	기본	157
	第98호 단체교섭권(1949	2021. 4. 20	기본	168

주. 이 표의 비준국 수는 2021년 5월 15일 기준임.

5. 이후의 과제: 끝 아닌 시작, '기본'을 넘어 '핵심'으로 넘어가야

第29호, 第87호, 第98호 협약을 비준함으로써 대한민국 정부는 ILO의 8개 기본협약 중 7개를 비준하게 되었다. 전체 190개 협약 중에서는 기존의 29개에서 세 개를 더해 모두 32개 협약을 비준하게 된 것이다. 第29호, 第87호, 第98호 등 기본협약 세 개가 비준된 것은 의미 있는 일이나 이것으로 국제노동기준인 ILO 협약 문제가 종결된 것은 아니다. 이번의 비준은 ILO 협약 비준의 종착점이 아니라 출발점이다. 왜냐하면 ILO 협약과 관련하여 앞으로 본격적으로 풀어나갈 문제들이 여전히 남아있기 때문이다.

첫째, 8개 기본협약의 하나로 '강제노동 금지'를 규제하는 제105호의 비준 문제가 남아 있다. "현존하는 정치체제, 사회체제, 경제체제에 반대하는 정치적 견해 또는 사상적 견해를 표현하는 행위와 파업 참가를 처벌하는 수단"으로 강제노동을 악용하면 안 된다는 내용의 제105호를 비준하지 않은 나라는 ILO 187개 회원국 중 11개국에 불과하다(한국, 브루나이, 중국, 일본, 라오스, 마셜 군도, 미얀마, 팔라우, 동티모르, 통가, 투발루).

문재인 정부는 기본협약 제105호를 국무회의에 안건으로 상정하지 않았다. 하지만 이미 우리 헌법에는 제105호 협약의 정신이 반영돼 있다. 헌법 제19조는 "모든 국민은 양심의 자유를 가진다" 고 되어 있으며, 헌법 제22조는 "모든 국민은 학문과 예술의 자유를 가진다" 고 규정하고 있기 때문이다. 우리가 홍콩의 국가보안법 문제에는 민감하게 반응하면서도 정작 제105호 기본협약을 논의조차 하지 않는 것은 국내 국가보안법 문제와 깊은 연관이 있다. 또한, 제105호 협약이 노동권 측면에서 무엇보다 중요한 점은 파업 참가자에 대한 형사처벌을 금지하는 내용을 담고 있다는 사실이다. 대부분의 민주주의 국가에서 파업 참가자에 대한 형사처벌은 19세기 말과 20세기 초에 사라졌다. 반면 현재 우리나라는 여전히 형법 제314조의 업무방해죄를 적용해 파업 참가자를 처벌하고 있다.

둘째, 회원국 정부가 노동 행정 및 정책에서 우선적으로 처리할 과제를 규정하고 있는 우선협약에 관심을 기울여야 한다. 우선협약 4개 중에서 우리 정부가 비준한 것은 제81호 노동(근로) 감독, 제122호 고용정책, 제144호 삼자 협의 등 3개다. 우리 정부는 농업에 대한 노동감독을 규정한 제129호 협약을 비준하지 않고 있다.

이 문제는 농업을 근로기준법 적용 대상에서 제외하고 있는 현실과 맞닿아 있다. 우리나라에서 근로기준법을 적용 받지 못하는 노동자가 많은 현실은 5인 미만 사업장의 문제임과 동시에 농업과 어업 같은 업종과 관련한 문제이다. 외국인 이주노동자 없이 운영이 힘든 농업현장의 현실을 고려할 때 제129호의 비준은 열악한 노동시장에서 분투하고 있는 이주노동자를 공평하게 대우하는 문제이기도 하다.

셋째, 이미 비준된 협약들의 내용이 법령에 제대로 반영되어 있는지, 또한 제도로 만들어져 효과적으로 기능하고 있는지를 따져야 한다. 비준(ratification)은 법령과 정책과 관행을 해당 협약에 맞게 고치겠다는 정치적 약속이다. 법과 제도에서 제대로 이행되고 있는지 꼼꼼히 따져보아야 할 대표적인 협약들로는 제19호(산재보상에서 외국인 균등 처우), 제47호(주 40시간 노동), 제100호(동등 보수), 제111호(고용과 직업에 따른 차별), 제139호(직업암), 제155호(직업안전보건), 제170호(화학물질), 제182호(최악의 아동노동) 등을 꼽을 수 있다.

넷째, ILO 협약의 대다수를 이루는 기술협약의 비준 문제이다. 노동현장의 핵심 문제들인 근무시간, 고용, 직업훈련, 임금, 안전보건, 사회보장, 이주, 모성보호와 관련된 협약들은 모두 기술협약으로 분류된다. 사회보장과 사회정책에서 ILO가 중요하다고 강조하는 협약이 10개가 넘지만 아직 우리는 한 개도 비준하지 않았다. 또한 간호인을 위한 근무 환경의 표준화를 강조하는 제149호와 재택근무의 조건을 설명하고 있는 제177호는 코로나19 전염병 상황에서 정부 정책이 나아가야 할 방향을 잡아줄 수 있었다. 이런 점에서 기술협약들이야말로 노동자들이 일터에서 겪는 실질적인 문제들을 개선하는데 필요한 '핵심 협약(core conventions)'이라 할 수 있다.

다섯째, 직업안전보건(Occupational Safety and Health) 관련 협약들의 지위를 '기본협약'으로 만들려는 국제사회의 캠페인에 동참할 필요가 있다. 2019년 6월에 열린 제108차 ILO 국제노동회의는 'ILO 백주년 일의 미래를 위한 선언'이라는 제목의 결의문을 채택하고 "ILO 이사회가 안전하고 건강한 근무조건을 ILO의 '일터의 기본원칙과 권리' 체계에 포함시키는 제안을 빠른 시일 안에 고려할 것"을 요청한 바 있다. 이 결의문은 ILO가 창립 백 주년을 맞아 구성한 '일의 미래 위원회'가 논의한 결과에 따른 것이다. '일의 미래 위원회'는 국제노동회의에 제출한 문서에서 "1998년 'ILO 일의 기본원칙과 권리'에 명시된 기존 권리들과 더불어 직업안전보건도 일의 기본 원칙과 권리"가 되어야 한다고 강조했다. '일의 미래 위원회'는 "안전하고 건강한 근무조건이 좋은 일자리의 기본(fundamental to decent work)"임을 선언하고 ILO 이사회에서 이 문제를 본격적으로 다뤄줄 것을 요청했다.

2019년 하반기에 열린 제337차 ILO 이사회는 "안전하지 않거나 건강에 해로운 근무조건에서 노동자를 보호하는 것이 지난 백 년 동안 ILO의 목표로 등장했음"을 확인하면서 노동자의 안전과 보건이 1919년 제정된 ILO 헌장과 1944년 개정된 ILO 헌장(필라델피아 선언)에 부합한다고 확인했다. 그리고 2021년 3월에 열린 제341차 ILO 이사회는 "안전하고 건강한 근무조건을 일터의 기본원칙과 권리에 관한 체계에 포함시키는 절차 지침 개정"을 승인하고, "ILO 사무총장이 2021년 11월에 열리는 제343차 이사회를 위해 (이 문제와 관련된) 문건을 준비"할 것을 요청했다. 2022년 제110차 ILO 국제노동회의는 직업안전보건협약(제155호), 직업보건서비스협약(제161호), 직업안전보건체계증진협약(제187호)을 중심으로 기본협약에 들어갈 협약을 본격적으로 논의했다.

6. 결론: 정책 프레임의 중요성

한 국가 내에서의 정치와 개혁의 성패는 바로 정책의 프레이밍(framing)에 달려 있다. 사회과학에서 프레이밍이라는 개념은 개인, 집단 또는 사회가 어떻게 현실을 인식하고 구성하고 소통하는지에 대한 일련의 이론적 관점이다. 아무리 좋은 정책 아이디어라 하더라도 정책이슈 프레이밍을 어떻게 설정하느냐에 따라 정책이 성공할 수도 있고 실패할 수도 있다. 예컨대 이전의 최저임금제 산입범위를 둘러싼 법 개정 논쟁은 정책 프레이밍에 실패한 대표적 사례이다. 문재인 정부의 소득주도성장 전략 속에서 경제민주화를 통해 개혁의 동력이 되어야 할 중소자영업자와 중소기업가들이 두 자릿수 '최저임금 인상'이라는 잘못된 정책 프레임에 갇혀 노동자와 대립하는 개혁의 저항세력으로 귀결되었던 것이다.

이와 관련 2021년 국회 비준에 이르기까지의 ILO 기본협약 비준 방법과 경로를 둘러싼 논쟁은 '선 입법 후 비준'이라는 매우 단일한 정책 프레임 속에서 전개되었다. 하지만 ILO 기본협약 비준은 이 같은 '선 입법 후 비준'이라는 단일 정책 프레임에 갇힐 문제가 아니었다. 선 입법 후 비준론자들이 주장했듯이 ILO 기본협약 내용과 배치되는 관련 법률을 개정한 뒤 비준하는 것이 가장 이상적인 절차일지는 모른다. 하지만 지금까지의 정치지형이나 다수의 법 개정 및 일정을 고려할 때 선 입법 후 비준의 길이 험난할 뿐만 아니라 실현 가능성이 극히 적었다는 것도 부인하기 힘들었다. 만약 ILO 기본협약을 '선 입법 후 비준'이라는 단일정책 프레임에 계속 매몰되었다면 국회가 법 개정을 둘러싼 교착상태(gridlock)에 빠지고 결국은 ILO 기본협약 비준 자체가 물 건너갈 수도 있었다.

논의가 한창 진행 중이던 2018년 하반기 12월 말까지 ILO 기본협약 비준을 위한 최소한의 중요한 법 개정을 위해 경제사회노동위원회 사회행위자들이 최대한 합의하고 국회가 이를 통과할 수 있도록 노력은 하되, 국회가 법 개정을 둘러싼 교착상태에 빠질 것을 대비해 또 다른 대안적 비준 시나리오를 미리 만들어 놓는 것이 더 현명한 접근이었을 수 있다. 예컨대 2018년 12월 말까지 ILO 기본협약 비준을 위한 법 개정 작업을 추진하되 지지부진하거나 더 진전이 이루어지지 않을 경우 2019년 2월 말까지 정부는 국회에 시한을 주고 최후 법 개정 작업을 한 번 더 촉구하되3월 이후 국회가 법 개정을 하지 않으면 국무회의를 통해선 비준하고 국회에 동의절차를 구하는 프로세스를 밟는 과정도 고려 가능했다.

아무튼 그나마 2021년 2월에 4개 기본협약 중에서 강제노동 관련 제105호를 제외하고 나머지 3개 협약이 국회에서 비준된 것은 다행이다. 여기서 우리가 배워야 할 교훈은 하나의 정책프레임에 갇혀 이상적이기만 할 뿐, 현실적으로는 의미있는 진척을 이루지 못하는 추상적 담론에만 갇혀있으면 안 된다는 것이다. 미국과 유럽의 주요 선진국들 및 심지어 우리보다 국제적 위상이 낮은 동남아 국가들도 ILO와의 논쟁을 오랜 기간 지속하면서 자국의 상황을 적절하게 존속시키고 있는 현실을 읽었다면 다른 대응이 가능하지 않았을까 생각된다.

앞서 외국의 사례를 통해 보았듯이 ILO 강제노동협약 비준의 경우, 초기에는 대부분 국가가 국내법과 제도가 조약 내용을 만족시킬 수 없음에도 불구하고 비준하는 사례가 많았다. 하지만 최근에는 ILO 기본협약 비준이 국내 법제도와 조약의 일치 여부 등 보다 신중한 과정 및 절차를 보여주고 있다. 다만 국가에 따라서는 일부 국내법과 제도가 미비하더라도 일단 비준과정은 진행하고 협약 비준이 효력을 발생하기 위해 요구된 기간 중에 보완하는 사례도 관측되고 있다.

근본적으로는 ILO 기본협약을 비준할 경우 회원국은 3년 혹은 5년 주기로 비준에 따른 협약 준수사항을 정기적으로 보고할 의무가 있고, ILO 전문가위원회의 권고 사항을 이행할 의무가 있으므로 회원국은 지속해서 협약 내용을 지키기 위해 노력해야 함이 당연하다. 특히 우리나라가 국제적 협력의 정신을 존중하고 국제법규의 취지를 실현하도록 노력해야 함은 두말 할 나위가 없다. 헌법 제6조 "헌법에 따라 체결·공포된 조약과 일반적으로 승인된 국제법규는 국내법과 같은 효력을 갖는다"는 규정에 따라 적법하게 체결된 조약과 비준은 공포만으로 국내적 효력을 갖게 되므로 비준 이후에라도 국내 관련 법·개정을 동시병행적으로 추진해 나가야 할 것이다.

참고문헌

권중동. 2004. 「ILO와 국제노동기준」, 강연문.

김근주. 2016. 「국제기준의 근로조건 규율-ILO협약을 중심으로」, 『한국노동연구원』

_____. 2017. 「ILO기준을 통해 살펴본 '양질의 일자리'와 한국의 비정규직 문제 및 개선방안」, 『국제노동기구 권고의 이행상황 점검과 한국의 비정규직 문제 개선 방안 모색을 위한 토론회』

김소영 외. 2001. 『강제근로금지 관련 ILO 협약 비준을 위한 정책과제 검토』, 한국노동연구원.

김영미. 2012. 「국제노동기준의 국내수용에 관한 연구: ILO 핵심협약을 중심으로」, 단국대학교 박사학위 논문

박재명. 2017. "베트남 노동법의 2017년 개정 동향과 전망", 『국제노동브리프』 2017년 4월호, 한국노동연구원

신선영. 2017. "2017년 베트남 노동법 개장 주요 이슈 점검", 『KOTRA 해외시장뉴스』.

윤애림. 2017. 「ILO기준과 한국의 비정규직 노동 문제」, 국제노동기구 권고의 이행상황 점검과 한국의 비정규직 문제 개선 방안 모색을 위한 토론회 발표문

유영재. 2012. 「우리나라 민영교도소의 문제점 및 개선방안」, 한국행정학회 학술발표논문, 2012년 12월

이상희. 2010. "주요 ILO 협약의 비준을 위한 국내법 제도 비교 검토: 근로기준·고용분야 미비준 이행장려협약을 중심으로". 한국노사관계학회

이승욱. 2007. 「국제노동기준과 우리나라 노사관계 법제의 비교 연구」, 고

용노동부
이재승. 2007. 독일의 대체복무제. FES-Information-Series (2007-1)
이재욱. 2015. “EU 베트남과의 FTA 협상 타결 발표”, 『KOTRA 해외시장뉴스』.
장규원. 2000. “교정시설의 민영화에 대한 법이론적 논쟁”. 『교정연구』, 10 (0): 163~182.
정주성 · 안석기. 2013. “중동 및 남아시아 국가의 병역제도와 시사점”. 『주간 국방논단』. 제1461호: 1-12. 한국국방연구원
조경배. 2012. “국제노동기준에 비춰 본 한국 노동자의 노동기본권 실태”. 국제정책 세미나 발표문. 민주노총/한국노총/ILO 공동주최 『국제기준에 비춰 본 한국의 노동기본권과 ILO 협약 비준 확대 방안』
Blackett, Adelle. 2018. “This is Hallowed Ground” Canada and International Labour Law. Reflections Series Paper no.22 - April 2018.
Durham, Alexis. 1994. “Crisis and Reform”, Current Issues in American Punishment. Boston: Little, Brown and Co.
Germanotta, Paul. 2003. “Forced Labor of Public Employees in the United States: A Note from the 2002 International Labor Conference”. Working USA, vol. 7, no. 1, pp. 81-90.
IAGCI. 2017. Country Policy and Information Note: Egypt Military service. COI Report.
ILO. 2004. Application of International Labour Standards 2018 - Report of the Committee of Experts on the Application of Conventions and Recommendations.
____. 2007. General Survey Report.
____. 2012. General Survey on the fundamental Conventions concerning rights at work in light of the ILO Declaration on Social Justice for a Fair Globalization.
____. 2017. Application of International Labour Standards 2018 - Report of the Committee of Experts on the Application of Conventions and Recommendations.

____. 2018a. Application of International Labour Standards 2018 - Report of the Committee of Experts on the Application of Conventions and Recommendations.

____. 2018b. Review of annual reports under the follow-up to the ILO Declaration on Fundamental Principles and Rights at Work.

____. 2022. Application of International Labour Standards 2022 - Report of the Committee of Experts on the Application of Conventions and Recommendations.

Thalmann, Vanessa. 2004. Prison Labour for Private Corporations: The Impact of Human Rights. Master Degree Dissertation at McGill University.

Tova Wetterö. 2015. It is time to eliminate forced labour: An analysis of the Protocol and the Recommendation(2014) to the ILO Forced Labour Convention, Graduate Master thesis in Lund University in Sweden.

World Economic Forum. 2018. The Global Competitiveness Report 2017-2018.

<인터넷 링크>

Canadian Foundation for Labor Rights. 2016. It is time to sign. https://labourrights.ca/actions/its-time-canada-sign-ilo-convention-no-98

Canadian Labor Union Association Report. 2009. Canada's Shameful Secret

Global Security. 2013. Egypt - Military Personnel.
http://www.globalsecurity.org/military/world/egypt/personnel.htm

HRW. 2007. India: Hidden Apartheid of discrimination against Dalits, Human Rights Watch, http://hrw.org/english/docs/2007/02/13/ india15303_txt.htm

IJRC(2017), ILO: THAILAND NOT MEETING OBLIGATIONS UNDER FORCED LABOUR CONVENTION, April 12, 2017. International Justice Resource Center.
https://ijrcenter.org/2017/04/12/ilo-thailand-not-meeting-obligations- un-

der-forced-labour-convention/

ILO. 2012a. Decent Work Country Programme – India 2013-2017
https://www.ilo.org/global/about-the-ilo/how-the-ilo-works/departments-and-offices/program/dwcp/WCMS_562088/lang—en/index.htm

ITUC. 2007. Internationally Recognised Core Labour Standards in India: Report for the WTO General Council Review of the Trade Policies of India. International Trade Union Confederation. https://www.ituc-csi.org/IMG/pdf/India_report_final.pdf.

Srivastava, Ravis S. 2005. Bonded Labour India: its Incidence and Pattern, ILO, https://www.ilo.org/wcmsp5/groups/public/@ed_norm/@declaration/documents/publication/wcms_081967.pdf

The Guardian. 2014. 3. 18. Egypt's 'Military Inc' expands its control of the economy.
https://www.theguardian.com/world/2014/mar/18/egypt-military-economy-power-elections

노사발전재단 홈페이지(www.nosa.or.kr)

미국 국무부 보고서. 2018. Country Narrative Report.
https://www.state.gov/j/tip/rls/tiprpt/countries/2018/282628.htm

중앙일보. 2018. 8. 19. 독일도 병역거부 10배↑…"새 대체복무제 악용 소지 없어야". https://news.joins.com/article/22896645

ILO 홈페이지(www.ilo.org)

NSPO 홈페이지 (http://www.nspo.com.eg/nspo/Companies.html, 2022년 4월 검색)

https://egyptianstreets.com/2017/06/08/international-labor-organisation-blacklists- egypt-again/

https://www.fairtrade.net/issue/forced-labour (2021년 4월 13일 검색)

아시아기자협회 웹사이트 (http://kor.theasian.asia/archives/82841, 2018년 5월 10일 검색)

찾아보기

필자 소개

이종선

고려대학교 노동문제연구소 부소장

고려대학교 사회학과를 졸업하고 동 대학원에서 "한국의 신자유주의적 구조개혁과 노동시장제도 변화 연구"로 사회학 박사학위를 받았다. 한국직업능력개발원 부연구위원, 대통령비서실 사회정책비 서관실 행정관으로 근무하였다. 저서로는 『DJ 정부의 구조개혁과 노동시장 변화』(백산서당), 『세계의 지역혁신체계』(공저, 한울아카데미) 등이 있다.

윤효원

아시아 노사관계 컨설턴트

글로벌 노조에서 교육 및 조사 활동을 하고 있다. 한국노동사회연구소 교육위원, 월간 노동사회 편집국장, 민주노동당 국제담당으로 일했다. 『코로나19가 현장에 미친 영향과 과제』, 『기업별 복수노조와 단체교섭』, 『어서 와요 노동존중 CSR』, 『고용위기에 대한 국제노동운동의 대응』 등의 출간에 공저자로 참여했다.

안종기

고려대학교 노동문제연구소 '노사협력고위전문가과정' 담당교수

고려대학교 사회학과를 졸업하고 고려대에서 국제관계로 석사, 정치

학으로 박사학위를 받았다. 비즈니스 마케팅 분야의 종사 이후, 고려대 아세아문제연구소 연구원을 거쳐 노동문제연구소에 재직 중이다. 정치행태, 선거정치, 노동정치를 주 연구분야로 하여 여러 논문을 발표했으며 현재는 노동의 사회적 책무와 세대갈등에 관심을 두고 있다.

노동학총서 7

ILO 강제노동금지 기본협약
해외사례 분석과 이행방안 모색

초판 제1쇄 펴낸날 : 2022. 12. 31.

지은이 : 이종선 · 안종기 · 윤효원

펴낸이 : 김 철 미

펴낸곳 : 백산서당

등록 : 제10-42(1979.12.29)

주소 : 서울 은평구 통일로 885(갈현동, 준빌딩 3층)

전화 : 02)2268-0012(代)

팩스 : 02)2268-0048

이메일 : bshj@chol.com

값 18,000원

ISBN 978-89-7327-845-9 93330